ISSUES AND RESPONSES: VOl

Effective Management

AND BEST PRACTICE IN THE WORKPLACE

DENNIS DE PEIZA
BA (HONS.), M.A, CERT. ED

Regional Management Services

Copyright © 2013

Regional
Management
Services

Regional Management Services Inc.
P.O. Box 845
Bridgetown, Barbados
www.regionalmanagementservices.com

Email: rmsinc@caribsurf.com

de Peiza, Dennis: Effective Management and
Best Practice in the Workplace

ISBN 978-976-8219-49-7

This publication contains a series of articles that focus specifically on best practice in the workplace. Particular reference is made to best practices to be followed as it pertains to occupational safety and health, and to techniques and strategies to be employed by managers, that are intended to lead to the attainment of effective management.

Designed By
TURBOEK

TABLE OF
Contents

Preface

At the turn of the 21st century, the global workplace has been characterized by changes to industrial relations and human resource management practices. The practice of industrial relations has seen a move from the traditional 'custom and practice' approach to one that is based on procedures and that is guided by rules and regulations. In the practice of Human Resource Management, the emphasis has now gone beyond the limits of personnel matters to focus more on human resource development and innovation.

This represents a quantum leap in the status quo, and one that requires a rethink of how business is done. Consequently, this leads to a reordering of approaches that are designed to meet the demands of the changing world of work. It therefore becomes important to stress the need for effective management in today's workplace, especially since much emphasis is placed on productivity, efficiency, the maintaining of high workplace standards, and the rights of both employers and employees, decent work, and the issue of health and safety.

This publication is intended to serve as a guide to best practices in the workplace, which Industrial Relations and Human Resource Management

Practitioners as well as persons in management at all levels should find useful in enabling them to efficiently execute their various roles.

This publication is a useful tool to be used at all levels of staff training. It is however best suited for persons functioning at varying levels of management, and those who are prospective managers.

DENNIS DE PEIZA, B.A. (Hons.) M.A., Cert. Ed.

PROCEDURES AND PRACTICES
IN CARIBBEAN INDUSTRIAL RELATIONS

Emerging from the social unrest of 1938 which characterized the English-speaking Caribbean region, was the introduction of trade unions. Accompanying this development was the introduction of the practice of industrial relations. The practice of industrial relations, which has had its grounding in a tradition of voluntarism, provides the basis for the regulation of relations between the employer and the trade unions, with the latter being the representative of labour.

This relationship is tied to the system of collective bargaining that is grounded in the notion of mutual respect, and that promotes the fundamental right to freedom of association. The relationship is governed by a commitment to the process of negotiations, dialogue, consultation, conciliation and / or mediation. It therefore follows that an acknowledgement of the fundamental rights at work by management serves a guide to the relations of management/employer and labour. This would suggest that employers demonstrate respect for the principle of trade union recognition, the development of bargaining units, employment protection, and for the development of mechanisms for dispute resolution.

Generally speaking, the sustaining of the employer-employee relationship hinges on the existing culture of the industrial relations practice. It is purported to be rooted in a culture which promotes best practice that is steeped in custom and practice, and one which is governed by the law of the land and core conventions and recommendations of the International Labour Organization (ILO). The success of this approach is enhanced when it is built around a culture that promotes social dialogue, and that allows for transparency and accountability.

A case for this can be made by making reference to the ILO's definition of Social Dialogue.

> "It includes all types of negotiation, consultation or simply exchange of information between representatives of Government, employers and workers, on issues of common interest relating to economic and social policy."

There is merit in following this approach, considering that the one of the major principles of the social dialogue is that of identifying with the Principles of the Right to Organize and to Bargain Collectively, and ILO Convention 144 on Tripartite Consultation.

Further to this, the success of this approach can be measured by reviewing the pillars of the social partnership. The social partnership is designed to establish a formal structure which would govern collaboration and consultation on fundamental issues affecting individual and collective contributions to all aspects of national development. It is also designed to facilitate the development and implementation of protocols that are aimed at improving labour management relations, and to lead to an acceptance and respect for the collective bargaining process.

The practice of social dialogue has been advanced as an appropriate response to the emerging challenge to the traditional voluntaristic model. This challenge has emerged since 1965 with the introduction of the Alternate Dispute Resolution Approach. This new approach is a legalistic model that is grounded in statutory labour codes and practices. The system features the introduction of industrial courts and permanent industrial relations tribunals.

Notwithstanding the system that is the preferred choice, the issue of best practice remains tied to respect for and adherence to the international standards that govern industrial relations practices worldwide. For the purpose of giving insight into what should inform a system of best practices, reference is made to the industrial relations system and how it is applied in the island of Barbados.

LABOUR PRACTICES OBSERVED IN BARBADOS

1. FREE CHOICE OF EMPLOYMENT

The Constitution of Barbados makes the use of forced, bonded or prison labour illegal (ILO Conventions 29 and 105).

2. NO DISCRIMINATION IN EMPLOYMENT

The Constitution of Barbados provides for equality of opportunity and treatment to be afforded all persons, regardless of race, colour, sex, religion, political opinion, nationality and / or social origin.

The practice of discrimination of migrant workers with respect to the wages paid, the type of accommodation provided, or any other condition of employment is denounced.

3. CHILD LABOUR

No engagement of any person who is below the compulsory school-leaving age (ILO Conventions 138 and 182), and there shall be no work considered dangerous which shall be undertaken by persons under the age of 18.

4. THE RIGHTS TO FREEDOM OF ASSOCIATION AND TO COLLECTIVE BARGAINING SHALL BE RESPECTED

The right of all workers to form or to join a trade union of their choice and to bargain collectively is recognized and respected (ILO Conventions 87 and 98).

The representatives of workers have access to all workplaces so as to be able to carry out their representative functions (ILO Convention 135 and Recommendation 143).

5. WAGES

Workers are entitled to the payment of wages and benefits for a standard work week that meet at least the legal or industry basic needs, and accords with minimum standards.

Deductions from wages other than those required by national law shall not take place without the written permission of the worker concerned.

All workers are to be provided, before they enter employment, with information in a manner which they can understand about the conditions which shall apply in respect of their wages and benefits. In addition, all workers shall be provided with information concerning the particulars of their wages and benefits for each pay period.

6. HOURS OF WORK

An eight-hour work day is practiced in Barbados. Overtime is voluntary and is compensated at a premium rate.

7. DECENT WORKING CONDITIONS

The provision of a safe and hygienic working environment and the promotion of best occupational health and safety practices, are promoted.

Physical abuse, threats of physical abuse, unusual punishments or discipline, sexual or other harassment, or any form of intimidation is neither condoned nor tolerated.

8.   EMPLOYMENT RELATIONSHIP

All workers are to be provided with a copy of their contract of employment which shall, inter alia, set out the name and address of their employers and the principal terms of the contract of employment.

The employer is expected to observe obligations to employees under national labour and social security legislation.

ILO CONVENTIONS OBSERVED IN BARBADOS

29.   Forced Labour (1930)

This Convention requires the suppression of forced or compulsory labour, but provision is made for exceptions such as military service and compulsory service during national emergencies.

87.   Freedom of Association and Protection of the Right to Organize (1948)

This Convention establishes the right of all workers and employers to form and join organizations of their choice and it also sets out guarantees for such organizations to function freely without state interference.

97. Migration for Employment (1949)

This Convention provides for there being no discrimination against immigrant workers on the basis of nationality, race, religion or sex and that they shall receive treatment no less favourable than nationals in respect of trade union rights, wages and other conditions of employment.

98. Right to Organize and Collective Bargaining (1949)

This Convention offers protection against anti-union discrimination, protects the organizations of workers and employers from interference by one another, and promotes the process of collective bargaining.

100. Equal Remuneration (1951)

This Convention calls for men and women to receive equal pay and benefits for work of equal value.

105. Abolition of Forced Labour (1957)

This Convention prohibits the use of forced or compulsory labour as a form of punishment for the expression of political opinions or for participation in strikes or as a means of political coercion.

111. Discrimination (Employment and Occupation) (1958)

This Convention calls for a national policy to promote equality of opportunity treatment and to eliminate any form of discrimination in employment opportunities and working conditions on the grounds of race, colour, sex, political views, national extraction or social origin.

135.   Workers' Representatives (1971)

This Convention protects workers' representatives against prejudicial acts, including dismissal, based on their status or activities as such representatives or their membership of a trade union, and affords them such facilities as may be appropriate to carry out their representative functions.

138.   Minimum Age Convention (1973)

This Convention seeks to abolish child labour and determines that the minimum age of employment shall be no lower than the age at which compulsory education is completed.

143.   Migrant Workers (Supplementary Provisions) Convention (1975)

This Convention protects the basic human rights of all migrant workers and requires the taking of measures to suppress the illegal employment of migrants.

182.   Worst Forms of Child labour (1999)

This Convention requires the prohibition and climination of the worst forms of child labour as a matter of urgency.

In 2007 the Government of Barbados (Barbados Labour Party Administration) set up a Tripartite Consultation Committee for the purpose of reviewing ILO Conventions and Recommendations, with the mandate to make recommendation for ratification.

This represented government's commitment to the tripartite consultative process, in which the social partners of government, labour and the private sector remained as the players.

Some of the ILO conventions that the labour movement is seeking to have the government of the day ratify are:

Convention 156 - Workers with Family Responsibility

The convention stipulates that family responsibilities must not as such constitute a valid reason for termination of employment.

Convention 173 - The Protection of Workers' Claims in the Event of the Insolvency of their Employer

This convention provides for the protection of workers.

Convention 175 - Protection of Part Time Workers' Claim Arising Out of their Employment in the Event of an Employer's Insolvency.

It provides for the employee to be paid out of the assets of the insolvent employer before non-privilege creditors.

This Convention aims to provide the same rights and entitlement to the same benefits as the full time worker. For example, in Barbados all categories of workers have the right to organize. Female part time workers are eligible for maternity leave as long as they have worked for one year.

There is no discrimination in employment legislation in Barbados apart from the constitution.

Convention 177 - Protection of Persons engaged in Home Working

The purpose of this convention is to provide equality of treatment between home workers and other wage earners, particularly as it relates to:

- The right to join organizations of their own choosing
- Protection against discrimination in employment
- Protection in the field of occupational safety and health
- Remuneration
- Statutory social legislation
- Access to training
- Minimum age for admission to employment or work
- Maternity leave protection

A home worker is an employee who does work for his employer away from the employer's workplace, either at his/her home or premises of his/her own choice.

Convention 184 - Safety and Health in Agriculture

Convention 158 – Termination of Employment at the initiative of the Employer

The Employment Rights Legislation and the existing Severance Payment Act and Social Security Act in Barbados would enable this convention to be effective in the instance of Private Sector employees and employees of Statutory Corporations.

Convention 159 - Vocational Rehabilitation and Employment of Disabled Persons

Convention promotes the principle of equal opportunity and treatment of disabled workers. No discrimination.

HOW TO BE AN EFFECTIVE MANAGER

Effective management starts with management personnel having an understanding of their role and a clear vision for the organization. Management is charged with the responsibility of planning, organizing, directing and controlling. This speaks to management being able to make things happen. This fits ably with the definition of management as provided by Edward O. Lutz, who defines management as "getting things done through the efforts of other people."

For this to be achieved, it requires that management personnel possess three distinct attributes. Principally, they must be people-centred. Secondly, being a motivator is critical to getting subordinates to respond positively. It is important to stress that less focus ought to be placed on giving orders if management is to successfully motivate employees.

Thirdly, the essence of good planning is essential, for pre-planning can help to identify potential problems, bottlenecks and solutions.

It is therefore expected that management would demonstrate some basic management skills. These are described as technical skill, human skill which features the ability to communicate, and conceptual skill which is tied to being innovative.

Attention is now turned to what an effective manager aims to achieve. The effective manager directs all efforts at achieving good management/employee relationship, good staff morale, satisfied employees, increased productivity, the reduction in production cost, generating a boost in production quality, stimulating improved customer service, being able to readily respond to customer demands, inspiring/motivating employees, getting the job done, hiring the right employees, delegating authority, and building a team approach.

This brings us to the point of identifying benchmarks for effective managers. The ability of managers to think outside the box, being unafraid of taking new and untested actions, and not ruffling a couple of feathers in order to get work done, are among the common benchmarks. Others to be noted are the ability of managers to consistently exceed expectations and record success, and to demonstrate a clear perception of what it is that they want and how to deliver it. The ability of managers to demonstrate a sense of being well organized, and to reflect an understanding of how to motivate, delegate and follow up, are good indicators of their effectiveness.

The motivation of employees is considered to be a single important factor through which effective management is to be achieved. The point has been established that the manager ought to create and have a clear vision for the organization. Following on this, it is important that employees buy into and share management's goals.

Management must be able to clearly communicate its objectives and in turn solicit input from employees. A focus ought to be placed on the involvement of everyone at all levels in the goal-setting and planning processes. This extends to the further involvement of employees by way of acquiring advice from them in areas where they have the expertise. Tied to this is taking time to listen carefully to employees' interests, opinions, concerns and goals, and the giving of support to decisions taken by employees. It is important that managers let people know what is expected of them. In turn, management has a responsibility to do everything it can to make them successful. Further, it should seek to reward and compliment employees.

Management should place a premium on empowering its employees. In moving to win and build the confidence of employees, the interest of management will be best served where it has an open door policy, undertakes to meet individually with employees on a regular basis provides individual mentorship, finds ways to enrich the jobs of employees by increasing their authority or span of control, and most importantly, encourages employees to be innovative. Finally, being there for the employees and treating everyone with dignity and respect remains important for effective management.

APPLYING THE PRINCIPLES OF MANAGEMENT AND LEADERSHIP

Management has been defined as "getting things done through the efforts of other people." (Edward O Lutz). It therefore follows that the effective manager ought to possess skills that enable him/her to successfully carry out the functions associated with his/her roles, which are planning, directing, organizing and controlling. The skills required are technical, human, communication, conceptual and innovative skills.

Why are these skills important if effective management is to be realized? The short answer is that effective management can lower the cost of production, boost quality and enable the business to meet the demands of both its internal and external customers. The conclusion can therefore be drawn that management is an art. If this is so, it begs the question: how leadership features in the exercise of good management? In attempting to answer this, it is necessary to establish whether there is a correlation between leadership and management.

There is credence to the existing school of thought that they are related, but are fundamentally different. This is based on the focus of each phenomenon. As it pertains to management, the focus is on monitoring results, comparing them with goals, and evaluating and identifying correcting strategies to realize intended goals. In sharp contrast, the focus of leadership is placed on the motivation of people in an effort to attain desired goals. Based on the evidence there is a link between management and leadership, for invariably managers should possess some leadership qualities if they are to be successful in executing their roles and achieving results.

In order to be an effective manager it is essential that there is an understanding of what the role of the manager is. It must be emphasized that it is not simply about giving orders, but more so about the motivation of subordinates/employees to get the job done. This apart, management carries with it the responsibility of driving the process, while team members share the vision and goals identified by management. When management fails to get employees to buy into the vision, this constitutes the recipe for failure, which starts with low productivity and extends to possible intending labour management problems.

Management should therefore be quick to recognize that if they are to be successful in their roles, they should dismiss any notion that what is achieved starts and ends with them. In short, it is not about management looking good, but moreso about earning the respect of those whom it leads and seeks to motivate.

Entrusting or delegating responsibility to employees and consulting with them in decision making is a signaling of trust and confidence, and lends to the building of management's image.

Best practice dictates that it would be in the best interest of management if the four cardinal management principles are followed. The first of these speaks to honesty and integrity. It is expected that the manager acts responsibly by making full disclosure of information. The withholding of information is the catalyst for the erosion of respect, confidence and trust by employees in management. Second is the willingness of management to listen to the views of employees and to consider them. Management has to remain conscious of the fact that it is not the repository of all ideas. It also ought not to lose sight of the fact that listening is an important part of the communication and learning process. It is to be stressed that management should as a matter of course, seek input from staff. Third is that management has to see the importance of providing a 'feedback' mechanism. This is the appropriate means towards satisfying the communication process in the organization, whether it relates to the embracing of ideas, success of or the lack thereof, or on the performance of employees.

Fourth is that management ought to demonstrate that it has the interest and welfare of employees at heart. It demands that the focus should be placed on building morale, job satisfaction, workplace harmony, enhancing productivity, and providing decent work with an emphasis on providing a safe and healthy work environment.

Other than the four principles and tenets of management already referred to, management ought to ensure that there is centralization of control and authority within the organization. In organizations it is usual to find a hierarchical management structure. This should be allowed to function as intended, where those entrusted with responsibility at the various levels are expected to function without interference. In short, micro management should not be practiced. Management's interest would be best served if it allows procedures and processes to be followed. Actions that run contrary to what is determined as best practice are counter-productive, and contribute to the undermining of the morale and unity at all levels within the organization.

Effective management will not result by chance. It requires that there are good managers who are knowledgeable about their job, in order to get it properly done and to produce deserved results. Effective management can be said to have been achieved when managers exceed expectations, and in the process demonstrate their ability to motivate, delegate, communicate and follow up.

Effective management will not be achieved where managers are indecisive, are not prone to try alternatives, and are locked into a mind set. Managers must therefore be open to trying new things, to thinking outside of the box, to correcting mistakes and to ruffling feathers where it becomes necessary in order to get the job done.

As management goes about getting employees to respond in meeting organizational goals, it is imperative that it let them know what is expected of them. Equally, management has a responsibility to do everything possible to make them successful. In driving this process, it is advisable that management looks for ways to enrich the jobs of employees, encourages them to expand their comfort zone, offers scope for the development of individual initiative, works to ensure security of tenure of employees, and develops an excellent management and employee relationship. How effective a manager is would largely depend on the observance of the principles that govern the relationship in his/her dealing with staff. The treatment of every employee with dignity and respect, and the practice of equity and fairness in dealings with staff, should emerge as the overarching principles to be observed.

GUIDE IN ACHIEVING EFFECTIVE MANAGEMENT IN A UNIONIZED ENVIRONMENT

I t has been established that the achievement of effective management in any workplace environment is driven by a stated vision of the company. It follows that the company ought to have a Mission or 'Vision' Statement.

The establishing of standards for employee conduct and performance and for the delivery of quality of service, are important for developing the employer-employee relationship, and creating an understanding of workplace demands and expectations.

If the standards set are to be achieved, it requires that the company and its employees be guided by the principles of integrity, fairness, confidentiality for clients and other employees, and by the demonstration of responsibility.

It is important that the company creates an environment that instills a sense of pride in its employees, and one that motivates them to give of their best at all times. It therefore necessitates that management works towards establishing good relations between the management and employees, respects the fundamental rights of workers, and maintains equitable working conditions in building a satisfied and productive workforce.

Added to this, management must recognize the importance attached to developing a comprehensive benefit package which is essential in attracting, retaining and motivating outstanding employees. This includes providing for a competitive health, dental, life, and disability insurance programme, as well as a retirement or pension plan.

There is to be no compromising on making provision for vacation time with pay to all employees. Management has a responsibility to insist that all employees take the vacation time that they are entitled to.

As stipulated by local labour laws, there should be the granting of sick leave with pay. Management should demonstrate a willingness to grant paid leave to employees towards preventing employee burnout.

Management has a responsibility to establish a safety and health committee which is now a common feature of the contemporary workplace. Focus should be placed on safety training, with emphasis on promoting an awareness of safety issues, and ensuring compliance with the legal requirements. This apart, management should express a general concern for the safety and health of employees, and as an extension of this, ought to focus on keeping stress from becoming a serious health issue.

The safeguarding of the interest of employees and their families should not be ignored. Efforts should be made to sponsor events including wellness programmes for employees and their families.

Inasmuch as it is important to establish good communication links between management and employees, no effort should be spared to facilitate information sharing and employer-employee communication.

Further to this, it is important to solicit employee input and to encourage staff involvement in company activities.

The hiring of employees is one aspect of its operation that management needs to pay considerable attention to as it undertakes to ensure that it recruits the right employee for the job. It is important that there is an established policy on recruitment, education, training, and professional development that is communicated to all employees.

In like manner, a disciplinary procedure is to be established. The effectiveness of management can be well enhanced where there is employee job security, and where employees benefit from attractive compensation packages.

All of the above should form part of a collective agreement with the union representing the employees. To do this is recognition on the part of management of the right of the individual employee to be unionized, with the right to union representation.

In a unionized environment, it becomes important for management to follow best practice. It is recommended that management focuses on operating within the boundaries of a collective agreement, seeks to promote improved performance while operating within the letter and spirit of the collective agreement, undertakes to maintain effective working relationships with union representatives, motivates staff so that the interests of all stakeholders are met, understands and applies legal issues relating to union issues, represents the interests of management professionally, deals effectively with poor performers, reduces the number of disciplinary actions, and makes the disciplinary process as painless as possible.

EFFECTIVE LEADERSHIP AND MANAGEMENT OF SCHOOLS

In some quarters, the management of schools may be described as a unique phenomenon. Given that a manager is expected to organize the daily life of an organization so that it can run smoothly, the question left to be answered is: What makes the management of schools unique or even different from the exercise of management in any given organization?

The argument may be advanced that whereas there are core skills and competencies which every manager is expected to posses, how these are applied is very much dependant on the nature and culture of the organization that the individual is entrusted to manage. The uniqueness of school management can be justified by simply focusing on the remit of schools. This is both wide and varied. The principal as the manager has to place his/her focus beyond that of plant and equipment and the deployment and utilization of the available human resources, and direct attention to the very important issues of the delivery of the curricula and discipline within the school. Added to this is the fundamental responsibility of ensuring that the surrogate role that is entrusted to the school is fulfilled.

Accepting that this is the basis on which the management of schools is founded, the issue which now becomes the focal point is how effective management in schools can be achieved. It all starts with the leadership skills of the principal and the leadership style that he/she employs in the exercise of his daily management duties. It is strongly recommended that the participatory/collaborative approach, which is also known as the democratic/equalitarian approach, ought to be the preferred option to be adopted by principals. This approach allows for the participation of staff in the decision making process. The significance of this is that it serves to inspire the staff. Further, it signals that the principal, as the leader, values the team approach. It is not, however, to be taken to mean that the principal is expected to surrender his/her authority.

It is to be recognized that there will be given circumstances which would warrant the principal to adopt the autocratic style of leadership. The practice of such should be more the exception that the norm, as the autocratic style of leadership is viewed as contemptuous. Insomuch that it does not allow for staff involvement and influence to be brought to bear, it is defeatist in nature. Basically, it shows insensitivity towards the members of staff. Principals ought to be aware that the imposition of decisions made by one person shows little regard for the concerns and need of staff members. This approach is detrimental, as it does not contribute to the building of morale and confidence amongst staff members.

Whereas the adoption of the autocratic style of leadership is to be promoted as a fundamental contributory factor in achieving effective workplace management, it is important that the principal of a school remains conscious of what leadership is. If the principal is to be an effective manager, the individual needs to recognize that leadership does not exist in isolation, and moreover, that it is more than authority and inspiration. In the first instance, there ought to be appreciation of the fact that leadership is about achieving stated objectives. Secondly, that the test of effective leadership and management is therefore inextricably linked to the leader's ability to create the conducive environment that will motivate team members. Any semblance of effective management of a school will only emerge provided that the principal first demonstrates the ability to effectively communicate and to galvanize the support of staff members.

The ability of the principal to communicate effectively cannot be over-emphasized. The principal must be the catalyst in enabling the staff to collaborate as an effective team if the set goals are to be realized. The point is to be stressed that collaboration and consultation not only inspire the staff as a team, but allow for the sharing of knowledge, skills, experience and expertise which are beneficial both to the student body and to the success that school attains.

Principals of schools are to be cautioned that it is imperative that they are not lopsided in their approach to leadership and management. They must have the ability to blend their approach as it relates to being task oriented and relations oriented. If effective management is to be accomplished then it requires that one of the two approaches should not dominate the other. It would be unwise to focus primarily on the quality and quantity of work without giving attention to personnel. This means that the first order of business should be that of providing the environment at the workplace that will contribute to motivation of staff, which in turn will contribute to the development of more positive attitudes that invariably lead to greater levels of performance.

As a manager, the principal has a pivotal role to play in shaping the vision for the school. How effective the principal is as a manager can rest solely on the planned development path that he/she has moulded for the institution. It is important that significant emphasis is placed on planning and prioritizing.

Another factor which could be used to determine the effectiveness of management is the emphasis management places on problem-solving and consultation. Consultation serves as the appropriate medium for gathering information, sharing ideas and gathering new ideas, which in essence aid in the problem-solving process. Further, the process of consultation ought to be seen as the appropriate medium by which to inform and involve staff in key management decisions which will affect them.

The relationship which a principal develops with staff is invariably a test of his/her effectiveness as a leader and manager. Added to this is the interest which the principal holds in fostering the professional development of the staff. The principal who fails to recognize the importance of the staff in realizing the goals set falls woefully short of being an effective leader and manager. The staff must be seen as important, and so there ought to be a commitment to ensuring maximum opportunity for staff involvement and staff development. The vision for the institution to which reference was earlier made has to take on board the need to address succession planning. Consistent with this, the placing of emphasis on staff development becomes important.

Apart from management having the responsibility to ensure staff development, it also has a responsibility to itself to remain on the cutting edge. This means that principals ought to continually update and enhance their management skills if they are to be positioned to maintain their effectiveness, and prepared to meet changing demands within the education environment.

The bottom line is that the effective leadership and management of schools will more than likely be reflected where the principals possess the capability, skills and competencies to fulfill the role assigned and responsibilities entrusted upon them. This would include their ability to plan, execute, monitor and evaluate, and demonstrate quality communication, decision making and people skills. Whereas each of these variables is important, people skills is to be singled out as being paramount, inasmuch as a successful leader and manager must have the ability to motivate and win the confidence of the staff. As alluded to earlier, this is the key to achieving success. Where there is the exercise of strong leadership and effective management, the end result is usually the attainment of stated goals.

Following on this, effective management in schools can be said not to have taken place where the principal has failed to develop a clear vision for the institution, to set realistic goals, plan and prioritize, motivate the staff to achieve goals and objectives, delegate responsibilities, and most importantly, to implement policy decisions. Added to this, the leader who does not demonstrate the ability and experience to lead a team, to chair a meeting, to motivate team members, to meet deadlines and who does not place a focus on the training and retraining of staff, will more than likely not be an effective manager.

The checklist for assessing the effectiveness of principals as leaders and managers should focus on the following:

- leadership skills
- the extent to which the participatory style of management is adopted
- the attributes of integrity, accountability and reliability
- the ability to:
  - set out a strategic direction for the school
  - lead and manage staff and work as a team
  - motivate and influence others
  - delegate responsibility
  - effectively deploy staff
  - manage time
  - communicate effectively
  - multi-task
  - make sound judgments
  - understand the needs of students and staff

- respond to the concerns of staff, students and parents
- demonstrate decision-making and problem-solving skills

MANAGING THE CONTRACT OF EMPLOYMENT

The contract of employment has been defined as 'An agreement between employer and employee that governs the relationship between the two parties.'

It is accepted that a contract needs not to be in writing. Best practice dictates that a written contract is preferred, since it serves to eliminate any ambiguity in the expressed terms, and as a consequence, reduces the incidence of disputes.

The basic provisions that should be reflected in a written contract are as follows. The terms and conditions of service, which specifically address the minimum rights and obligations of both employer and employee, should be clearly expressed. Provision is to be made for protection clauses that address such matters as 'payment in lieu of notice.' The contract must address the treatment of confidential information, which embodies employees' confidential information, restrictive covenants to protect trade secrets, and other classified information of an organization. The inclusion of provision for disciplinary procedures is deemed as a must.

It is important to recognize that the content of each contract will depend on the nature of business and job offer.

The provisions of a contract are described as 'expressed terms.' Expressed terms are explicitly agreed upon between employer and employee, either in writing or orally. They are usually written in Collective Agreements and contained in the company's handbook, which is sometimes referred to as the 'Workplace Operations Manual.'

The principle expressed terms that ought to be set out in a contract should be:

- Title/position held by the employee
- Duties and responsibilities
- Salary/Wage/Overtime pay
- Benefits: pension/medical scheme
- Start date of employment
- Probationary period
- Hours of work
- Termination/dismissal
- Leave: vacation, sick, study, training, maternity, paternity, bereavement, compassionate

- Absences
- Promotion policy
- Retirement policy
- Safety and health policy
- Policy on work elsewhere
- Policy regarding use of alcohol and illegal drugs
- Confidentiality policy
- Code of ethics

In a contract there are also 'Implied Terms.' These are not spelt out in a contract, but are expectations that are linked to the responsibilities and obligations of the employer.

For example, the reasonable assumption is made that the employer will provide a safe working environment. Added to this is the expectation that the employee will not be terminated without just cause or reasonable notice of termination, be provided with a safe and healthy work environment, not be subjected to discrimination in the execution of assigned duties, is provided with the necessary tools/equipment and resources to adequately do the job, and will not have the terms and conditions of employment arbitrarily changed.

Fundamental to the successful working of the contract is how it is executed and managed. It is recommended that the following steps be followed. These are to discuss and have an agreement on all terms and conditions of service, to avoid handshake agreements, to provide an employment letter/letter of engagement, to have the employee sign the contract or an acceptance letter, and to avoid entering into a lifetime contract.

Part of the process of managing the execution of the contract is the need to follow established procedures and practices in treating to matters arising from the contract which may be subject to review. A prime example is that of making changes to the contract. Best practice dictates that negotiations are preferred, and that consideration is given to the consequences of imposed changes such as breach of contract. Before any changes are made to a contract, one must have full knowledge of the provisions of the original contract, and should always respond in writing to any proposed changes.

In addition to the above, where changes have been agreed upon through the collective bargaining process, it is expected that the parties, namely the authorized officer of the employer and the trade union representing the workers, would be the signatories to the change. Additions and/or changes to the contract as accepted by both parties should be placed as an addendum to the contract. Any breach of contract is likely to have serious consequence for the employer.

Challenges to the contract of employment are well founded where a failure to comply with labour laws is recognized. This constitutes a violation of the constitution, and accepted employment practices and procedures.

This brings us to the signing of the contract of employment after the employee has commenced work. This is a practice that can be problematic, particularly so with the employee commencing work with certain expectations prior to concluding an agreement that satisfies the interest of both parties.

As it relates to misunderstanding and misrepresentation of the terms of the contract of employment, such constitutes likely grounds for a challenge to be brought against the contract. Where this occurs, a case is often presented against the employer for placing the employee under duress.

In working to achieve respect for and the observance of the provisions of the contract of employment, it ought not to be ignored that both the employer and employee have rights and obligations under a contract of employment. However, if there is the expectation that the employee abides by the agreement, it follows that the employer must also adhere to the agreement.

OCCUPATIONAL SAFETY AND HEALTH
What Does It Mean To You?

The subject of Occupational Safety and Health has over the past two hundred years, remained a main agenda issue for labour. Thanks to the work of the International Labour Organization (ILO) ever since its establishment in 1919, much attention has been placed on addressing workplace safety and health issues.

Today, Barbados proudly identifies with promoting the 'Decent Work Agenda' of which safe work is an integral component. Insofar as the provision of safe work remains an ideal, it is a reasonable expectation that every employer and employee would want to reflect on what workplace safety and health means to him or her.

Every individual ought to first identify with the need to work in a safe and hazard-free environment. It is therefore important to admonish every employer and employee to start by accepting the fact that safety and health in the workplace is everybody's business. If this point is taken, then it means that each individual ought to recognize that he/she has a responsibility to help prevent injuries and illnesses at the workplace by contributing to a safe workplace.

It is necessary to impress upon all employers and employees that they must be involved in safety and health activities at work. In terms of individual responsibility it is important that both employers and employees become acquainted with what safety and health means to them. As it relates to employees, they have the right to know of any possible workplace hazards, the right to participate in decisions, and the right to refuse work that is considered dangerous.

Employers, on the other hand, have to develop an awareness and understanding that safety and health are fundamental to effective planning and operations. It therefore means that employers, managers and supervisors are required to provide leadership.

Here emerges the link between effective management and good leadership. What therefore is involved in leadership? I suggest to you that the leadership provided would principally be directed at protecting lives. It is not to be taken lightly that unsafe work practices result in human costs, and contribute to poor employee morale. Added to this, good leadership serves to provide training in safe and healthy work procedures. It also leads the process in identifying workplace health or safety hazard, be they situations or substances that can hurt an individual.

Leadership on the part of the employer would be incomplete should the matter of prevention of injuries and illnesses be ignored. It is important that employers recognize their responsibility to communicate information on hazards to employees, educate workers of potential risks, and implement work safety procedures.

Insomuch that the observance of safe work procedures should be observed, then having it as a condition of employment might be the appropriate means of ensuring compliance.

Having made the point that compliance is necessary, it must be stressed that this could only be assured if employers provide safe work by making available personal protective equipment, implementing safe work procedures, and completing the training of workers in good workplace safety and health practices.

If workplace safety and health is to be taken seriously, then it requires that greater attention be placed on covering safe work procedures during the course of orientation programmes for new employees. It seems that there is a woeful absence of workplace orientation programmes in Barbados. I would go further and suggest that government, as the largest employer, is guilty of this. I challenge anyone to provide evidence of a structured orientation programme for new entrants into the Public Service.

The conclusion can be drawn that at the heart of work place safety and health is the safeguarding of the welfare of the individual, be it employer or employee.

If this is so, why is little attention paid to Crisis Planning? This topic I have addressed in the book: *Issues and Responses: Volume One*. Planning for emergencies is therefore a must. There is a need to address procedures to be followed where there is an incident causing serious injury: fire, explosion, the release of hazardous materials or some form of natural disaster.

In moving along the pathway to advancing a shared vision on workplace safety and health, employers and employees would do good to heed the comments of Tom Mellish, as recorded in his speech to the EU/US Occupational Health and Safety Conference, held in Orlando, Florida in 2005:

"When bosses and employees work together in partnership, businesses have less staff turnover, less sickness absence and a down turn in accident and occupational ill-health leading to increased productivity, sales and profitability. But in order for a partnership to work, our main task is to make what we got on the statue book work on factory, office and shop floor."

OCCUPATIONAL SAFETY AND HEALTH PRACTICES - PROCEDURES - REGULATIONS

The provision of work in a safe and healthy environment is one of the features of decent work. Decent work is defined as productive work in conditions of freedom, equity, security and dignity. Moreover, decent work is described as safe work. By extension, safe work denotes that fatalities, accidents and illness at work are highly preventable.

The promotion of safe work is to ensure basic protection for all workers in conformity with international labour standards, which requires that employers develop, implement and design effective preventative policy programmes. Employers are encouraged to develop and implement such programmes, recognizing that adequate working conditions are central to the achievement of long-term sustainable growth, good living standards and social harmony. It is equally important that employers develop the awareness that a conducive work environment in which a premium is placed on safety and health leads to a high degree of quality and productivity.

It is critical that employers pay careful attention to their responsibilities to the employees. They should seek to:

- provide a workplace free from recognized hazards;
- provide and use means to make the workplace safe;
- prohibit employees from entering or being in any workplace that is not safe;
- construct the workplace so that it is safe;
- prohibit alcohol and narcotics from the workplace;
- provide information, instruction, training and supervision as is necessary to ensure the health and safety of employees;
- allow employees time off with pay to perform functions and attend training courses;
- prohibit employees from using tools and equipment that are not safe;
- establish, supervise and enforce rules that lead to a safe and healthy work environment that are effective in the workplace;
- control chemical agents and protect employees from biological agents; and
- consult with employees on any changes in the workplace that may affect their safety and health.

In view of the fact that employers have a responsibility to safeguard the safety and health of employees, employees have the right to ensure that their interests are being addressed. Employees therefore have the right to:

- request an inspection of their workplace;
- have access to any report relating to workplace conditions;
- have access to labels, equipment manuals, operations manuals or any materials relating to the safe use of a substance or equipment;
- be represented on the occasion of any inspection visit by an inspector;
- communicate freely with the inspector on any matter relating to Occupational Safety and Health conditions in the workplace; and
- not to be exposed to any condition considered immediately dangerous to safety or health.

Employees are also entrusted with the responsibility to:
- use prescribed personal protective equipment;
- report hazardous conditions to the employer;
- take reasonable action within their capabilities to eliminate workplace hazards;
- co-operate with the Safety and Health Inspector on the occasions of visits to the workplace;
- comply with applicable rules, laws and regulations relating to occupational safety and health;
- exercise all workplace rights in a reasonable manner and pursue responsibilities with diligence;
- report promptly to their supervisor every industrial injury or occupational illness;
- not to remove, displace, damage, or destroy or carry off any safeguard, notice or warning provided to make the workplace safe;
- not to interfere with the use of any safeguard by anyone in the

workplace;

- not to interfere with the use of any work practice designed to protect them from injury; and
- do everything reasonably necessary to protect the life and safety of fellow employees.

Legislation is set in place as a means of enforcing and regulating standards of safety and health in the workplace. In addition, it serves to outline the rights and responsibilities of both employer and employee.

In Barbados, the Safety and Health at Work Act 2005, Section 102, states that no employee shall be dismissed or disciplined in any manner by reason only of his requesting an inspection of his workplace by an inspector.

Section 103 (1) stipulates that every employer in a workplace shall:
(a) Consult with his employees or their representatives for the purpose of developing measures to promote safety and health at such workplace; and (b) Make arrangements for the participation of the employees in the improvement and development of such measures

Section 103 (5) (a): Provision is made for Health and Safety Committees to meet at least once a quarter

Section 103 (5) (b): The committee shall comprise an equal number of employers' and employees' representatives.

Section 104: Where, during the course of his employment, there is sufficient evidence to indicate that an employee's health and safety are in imminent danger, that employee may refuse to carry out the task assigned to him pending consultation with his safety committee, trade union, staff association or the Chief Labour Officer. (See ILO Convention C155-Article 19(f)

Section 9 (1) It shall be the responsibility of every employee to take reasonable care for the health and safety of himself and other persons who may be affected by his acts or omissions at work.

(c) While at work to report to his employer, any contravention under this Act, or any regulations made thereunder, the existence of which he knows.

Section 9 (1) (d) It shall be the duty of every employee to use correctly the personal protective clothing or devices provided for that purpose.

Section 9 (2) A person who contravenes subsection (1) is guilty of an offence and is liable on summary conviction to a fine of $500.00 or to imprisonment for 1 month or both.

There are provisions that outline the procedures for reporting of issues. In the instance that an employee wishes to raise a health and safety issue in a workplace where there is a health and safety representative, that employee must report it to the representative.

If an employee wishes to raise a health and safety issue in a workplace where there is no health and safety representative, that employee must report it to the employer or the management representative.

An employee may take all steps that are necessary, including leaving the employee's part of the workplace, to report an issue.

An employer or management representative who identifies a health and safety issue may report it to the health and safety representative, or if there is no representative, to the employees who work in that part of the workplace concerned.

As soon as possible after an issue has been reported, the employer or management representative and the health and safety representative, or any employee nominated, must meet and try to resolve the issue.

There is the stipulation that the resolution of the relevant issue must take into account any of the following factors that may be relevant:

(a) Whether the hazard or risk can be isolated;
(b) The number and location of employees affected by it.

As soon as possible after the resolution of an issue, details of the agreement, in a form that is approved by all parties and in the manner and in the language that is agreed by the parties to be appropriate:
(a) Must be brought to the attention of the employees; and
(b) Must be forwarded to the Health and Safety Committee; and
(c) May be forwarded by the parties to any relevant organization of employees or of employers.

BEST PRACTICES IN MANUFACTURING INDUSTRY

This article addresses best practices in the manufacturing industry, as they specifically relate to occupational safety and health and techniques and strategies to be employed by managers towards attaining effective workplace management. It is to be accepted that this sector is a wide and varied one, and hence there would be variations in the practices followed, with these being based on established protocols and procedures that govern operations.

Best practice within the sector starts with the exercising of good management, as this is the key to driving productivity and other key performance indicators. Ever since the industrial revolution began, the safety of employees in the manufacturing sector has been a concern. The importance attached to safety and health has become more apparent with the varying technological innovations and with accompanying workplace hazards. It is therefore important that safety and health becomes an integral part of the planning process at the enterprise level. In moving to ensure that best practice is followed, it requires that managers are committed to ensure compliance with safety rules and procedures, and to effective safety education and training. Equally so, it is expected that both managers and workers show a high level of safety climate awareness. The first step towards achieving this is linked to an increasing emphasis being placed by managers on providing training for new entrants into the enterprise. It is recommended that where possible, pre-employment training should be offered to prospective employees.

In an effort to ensure that the safety and health of workers are not compromised, consideration ought to be given to introducing a Manufacturing Management Code. This code should aim to promote the protection of employees, customers, the public and the environment. It should serve to ensure that plant operations are consistent with established health, safety and environmental practices. The code addresses regulatory and legislative requirements that affect operations and products, industry trade practice in the areas of employee protection, community and environmental protection, waste management practices, and other aspects of plant operations.

The successful implementation of the code requires a commitment at all levels of management that manifests itself by way of published policies, accountability for implementation, and provision of sufficient resources. With the emphasis centered on safety and health, it becomes paramount that the process commences at the operations level.

The process starts at the instructional level with the development of written procedures to be followed by employees/all members of staff and persons doing business at the plant, including customers. Fundamental to the employee preparedness is the development and administration of an employee training programme. This is key to the understanding of plant procedures, ensuring the safety of processes in plant operations, as well as the use and maintenance of all equipment. Apart from the employee training programme, it remains a requirement that operations procedures, processes and maintenance regimes are documented. In addition there ought to be a written programme for the routine inspection of plant and equipment. Routine inspections should include the testing of warning systems.

Following on the above, it is recommended that managers are committed to ensuring compliance with safety rules and procedures, and to developing an effective safety education and training programme. One way of achieving this lies in the establishing of an inspection checklist, at the core of which is a hazard checklist. The inspection checklist should also identify fire prevention and protection safety practices, personal protective equipment and safe practices to be observed by employees, safe practices for the handling of tools and operation of machinery, procedures for handling flammable and combustible liquids, as well as for lifting and carrying safe practices.

Returning to the code, it is evident that communication emerges as an important feature in the implementation of the code. The importance of this cannot be understated given the varying risks employees face in the manufacturing sector. It is therefore to be emphasized that potential hazards are identified and documented. Clear guidelines should be established and communicated regarding the appropriate action to be taken, to minimize any risks arising from any hazard and procedures to be followed in the event of an emergency emanating from the same. The emphasis placed on prevention is to be reiterated, and in like manner, the need to establish procedures for the safe storage and handling of all raw materials and products manufactured that are used and/or stored on site.

In the contemporary world that boasts of a highly mechanized manufacturing industry, occupational safety and health ought to occupy the attention of every manager in the sector. Since the manufacturing industry is a varied one, it is expected that managers keep abreast with developments that specifically relate to their operations. This would be in addition to following internationally accepted safety and health practices. Such safety and health practices include establishing and maintaining systems for collecting and analyzing data, and for maintaining records to evaluate health and safety performances. These are expected to assist in determining trends and identifying areas for improvement.

The process of the collection and evaluation of data would be enhanced where there are established procedures for evaluating health and safety hazards, as well as assessing risk to employees in whatever form. In addition, there is the need to establish monitoring systems for the purpose of ensuring compliance with safety and health policies, procedures and practices, and plans for periodic inspections of plant and equipment. It ought to be a standard practice to have updated written health and safety procedures. These procedures should extend to focus on control entry and exit of personnel and materials to the site and restricted areas. This brings into consideration the subject of security.

In view of the fact that management has an overarching responsibility to protect the safety and health of employees at the plant level as it relates to procedures, processes and providing a safe working environment, it is important to recognize that safety in the workplace extends to providing an adequate security plan. The plan should address unauthorized entry, and offer protection against vandalism.

Apart from the issue of safety and health of employees, best practice within the sector should also address the subject of protecting the environment. Mindful of the fact that the sector has to concern itself with the issues of pollution and waste management and their impact on the environment, it brings to the fore the need for environmental management planning to be placed on the agenda of management. As the first order of business, management should move to develop a written environmental management programme. This programme should be the subject of periodic review, with measures set in place to monitor and measure its effectiveness. It is important that an ongoing education and training programme is established so that staff could be well acquainted with the plan. Other critical elements that ought to be reflected in the programme are the establishing of production processes that seek to minimize impact on worker health, safety and environment, and the development of a spill control programme.

Apart from the issue of safety and health, management has to concern itself with the effectiveness of its workplace practices. These are invariably linked to a system of benchmarking and best practices, at the heart of which is improving levels of productivity and recording success for the enterprise. The recruiting and retention of employees is an important element in this exercise. It is imperative that emphasis is placed on hiring the best talent. Emerging from this is a recognition that employees are at the center of productivity. This means that management should pursue practices that encourage workers to think and interact in order to improve the production process. Added to this is the guaranteeing of job security, recognition of the unionization of employees, giving employees a voice at work so that they can be involved in the decision-making process, providing incentive based compensation that includes profit sharing and bonuses, and providing workplace training and retraining.

It is therefore to be expected that management undertakes to observe the right to decent work. This speaks to access to employment in conditions of freedom, recognition of the basic rights at work, guaranteeing the absence of discrimination or harassment, an income that enables one to satisfy basic economic, social, and family needs and responsibilities, an adequate level of social protection for the worker and family members, and the right to participation and a voice at work, directly or indirectly through self-chosen representative organizations. The bottom line is that through the actions and practices of management, there should be the feeling of a sense of ownership by employees.

In summary, best practices in the manufacturing sector are characterized by a focus on plant/shop floor operations which have a direct bearing on the safety and health of employees, performance monitoring systems, target setting and incentive setting, with the latter focusing primarily on stimulating employee productivity. It is also recommended that management places attention on creativity and innovation, building in-house technological capabilities, quality of production, and increased customer satisfaction.

MANAGING SAFETY AND HEALTH IN CONSTRUCTION INDUSTRY

The construction industry is known to be one of a the booming industries across the globe. Based on available data, the industry can be considered a hazardous one, as construction sites are said to have the third highest number of deaths in the world. For example, in Britain 1500 workers are killed annually on construction sites, 25,000-30,000 are seriously injured, and 400,000 are away from work annually for three days due to illness. The high incidence of deaths, injuries and illness are a consequence of the inherently dangerous and challenging nature of construction work. Other associated factors are the ever changing work conditions, exposure to often difficult weather conditions, and the traditional macho attitude by many in the industry.

These hard facts highlight the need for the effective monitoring and management of safety and health in the industry, which focuses on protecting employees from danger of risks. Such a policy is to be guided by the philosophy that nearly all injuries and deaths are preventable.

The approaches to be adopted and followed by management ought to emerge out of an understanding of what are the immediate hazards that face employees. These have been identified as chemical and physical hazards, liquid, dusts, gas, fumes, cold, heat, noise compressed air, lazers, and manual handling. Equally so, there is to be an awareness of the illnesses that are imposed upon employees as a result of exposure to these risks. Featuring high among the many known illness are skin diseases, respiratory allegories such as asthma, repetitive strain injuries, musculoskeletal–back and upper limb, hearing loss and asbestos related diseases.

Research findings reveal that the major hazards on construction sites that contribute to death, injury and illness are connected to the falling of individuals and objects, persons stepping on or striking against objects, the caving in of the ground, machinery related accidents/incidents, vehicular accidents, electricity problems, the use of tools, gassing, chemicals, fire and explosion.

If it is acknowledged that injuries and deaths can be prevented, then it demands that a concerted effort must be made to reduce exposure to hazards, to address the matter of the non-use of protective equipment by employees, to ensure that employees have access to information, that they follow established procedures and receive adequate job specific training.

Added to this, there is the given that management has an overall responsibility to provide a safe working environment. Consistent with this there is the expectation that management will provide safety equipment and safety booklets, and would appoint a safety and health officer on staff.

In moving to complete its safety and health policy, management ought to pay close attention to developing a safety management system. This system should include the following:

- Safety policy
- Safety committee
- Safety organization structure
- Safety training
- Safety rules
- Safety inspections
- Personal protective equipment
- Accident investigation
- Emergency preparedness
- Evaluation, selection and control of subcontractors
- Evaluation of job hazards and development of control measures
- Safety promotion
- Process control
- Health surveillance

There is no denying that management is often confronted with safety and health issues. Following on the establishment of safety and health committees in the modern day workplace, it is instructive that there are clear procedures for the handling of safety and health issues if these committees are to function effectively. It makes for a good relationship if management undertakes to immediately meet with the safety and health committee and/or the employees in the instance that an issue arises.

In seeking to resolve an issue, it is recommended that consideration should be given to whether the hazard or risk can be isolated, the number and location of employees affected by it, whether appropriate temporary measures are possible or desirable, the time that may elapse before the hazard or risk is permanently corrected, whether environmental monitoring is desirable, and who is responsible for performing and overseeing the removal of the hazard or risk.

It follows that the next step is to arrive at a resolution. The first step in the resolution procedure should be the committing in writing by management, the details of the agreement that meets the satisfaction of all parties, inclusive of the safety and health committee. Following on this, the agreement must be brought to the attention of the employees.

Management has a responsibility to create a safety and health consciousness in the workplace by promoting the fact that safety and health is everyone's business. It certainly would do the cause of management no harm to impresses upon its employees the effects which accidents, however caused, impose on the organization. These are to be itemized as follows:

- damage to plant and equipment
- damage to the work already completed
- loss of productive work time
- downturn in productivity until the working rhythm and morale

are restored

- possible disruption while an investigation takes place
- loss of confidence and reputation
- costs to the company, inclusive of legal and compensation costs

PROMOTING DECENT WORK IN THE HOSPITALITY AND SERVICE SECTORS

The value of the human resource is to be seen as a principal feature in promoting the concept of decent work. At the outset there must be the recognition on the part of employers that the decent work will only exist in an environment where they take some measure of responsibility to safeguard the welfare, interests and development of every employee. This is the conduit that leads to job satisfaction. Arriving at job satisfaction requires that emphasis is placed on job security, payment of a decent wage, and the offering of excellent conditions of service, inclusive of a safe and healthy work environment.

Employees in the hospitality and service sectors, like employees in all other areas of work, must be guaranteed the fundamental rights at work. It stands as a given that they have the right to freely choose their employment, to work in an environment where they are not subjected to harassment and discrimination, are not denied a voice at work or the right associate and bargain collectively, and to be the beneficiaries of an adequate level of social protection that extends to both employees and their families.

It is therefore important that social dialogue is promoted as a medium that allows for consultation and collaboration to take place among all stakeholders in the tourism sector. This is fundamental to attaining the ultimate goal of promoting worker satisfaction and development, which has a positive effect in contributing to workplace productivity, the maintenance of a stable industrial climate, and the reduction of poverty in a developing society.

In taking a broadsided view of the concept of decent work across the service sector, research coming out of the United States of America suggests that there is a need for greater attention to be placed on promoting and protecting the interests of employees in this sector. This of course includes those in the tourism sector. It becomes important that careful note is taken of the findings of research carried out in the USA. According to Stephen J. Frenkel, "Service workers received lower fringe benefits than workers in other major occupation categories."

This evidence provides the basis for the launching of a platform to promote social dialogue as the vehicle to address the failings of the system that impact negatively on workers in the tourism sector.

It is to be underscored that social dialogue serves to accentuate the promotion of decent work. The empowering of employees by way of giving them a feeling of or a sense of ownership, is one way that this can be reflected.

It calls therefore for a greater awareness of job growth and job quality as important elements of decent work within the tourism sector. It is to be noted that from an ILO perspective, these are extrinsically and intrinsically rewarding work.

Security of tenure emerges as another important issue. This can be first addressed in the context of the seasonal nature of employment that is experienced within the hotel sector, as well as within other sectors of the hospitality industry. It can be concluded that the seasonal nature of the tourist industry contributes to the high incidence of temporary and casual workers that are employed in the sector.

This in itself serves to undermine one of the principal tenets of decent work, and gives some credence to the view that full time work is the exception rather than the rule, particularly in the hospitality sector.

It would seem that this is a phenomenon that extends beyond the boundaries of small nation economies such as Barbados. Based on the evidence coming out of the USA, the records show that the average tenure for service workers is less than one third of that for workers in all other occupations.

It can be reasonably argued that the search for a solution to this problem starts with the process of social dialogue that is initiated through bilateral and tripartite consultations. This would seemingly serve the useful purpose of moving the sector beyond the realms of it being classified 'as not well rewarding and emotionally exacting'.

The consultative process would allow for the consideration of service excellence and standards, the issue of sustained employment within the sector, the need to provide resources for training and research as a means of confronting the emerging competitive factor, and a commitment to promoting safety and health. This can be achieved by working in collaboration with government agencies and other social partners, by moving the focus beyond wages and income matters to finding ways of identifying with the interest of workers and the national good, and by developing protocols that are aimed at improving management relations.

PROTOCOL FOR MANAGING E-COMMERCE IN THE WORKPLACE

T he coming of the computer age has brought with it the introduction of e-mail and the internet to the workplace. This has been hailed as a significant technological innovation, because it promotes greater workplace efficiency. Primarily, it has revolutionized workplace communications, as it accounts for the development of electronic based information systems that allow for the ready access to information, the quick transfer of the same, and improvements in record keeping, storage and retrieval of data.

Employers have found themselves well placed to exploit the use of technology in the workplace. For example, they have seized the opportunity to utilize it as a valuable tool in the recruitment of staff. Effective use has been made of it in the interviewing process by way of utilizing the medium of the chat room.

The assumption can be made that this technological advance is one that is favoured by employers for the reason that it is efficient, and hence promotes higher productivity and a consequential reduction in operational costs.

There is, however, a downside to the use of e-commerce that would be of concern to employers. To start with, there is the problem of use of the computer and e-mail by employees for the purpose of conducting personal business. There is also the issue of inappropriate use of e-mails by employees in the passing of confidential and/or classified information. The more vexing issue of concern to employers would be that of their exposure to liability arising out of the misuse of e-mails and e-commerce tools. The concern here is not limited, but extends to the level of responsibility that applies to employers for criminal acts that are perpetrated by employees online.

This in itself is an interesting development, and one which imposes upon employers the need to employ policies that are directed at reducing the risk of liability. In moving to regulate employee behaviour in the use of the internet, it becomes apparent that employers ought to direct their attention to reviewing and/or implementing Human Resources Department Protocols, as they relate to the use of the internet and e-commerce. Such protocols would, among other things, address disclaimers.

Employers are faced with the added challenge of protecting confidential information and trade secrets. Where protocols are established, it requires that these are included in the 'Employee Handbook.' In addition to this, consideration has to be given to disciplinary procedures that are to be invoked where employers are guilty of any breaches. However, it is advisable that the disciplinary procedure forms part of the collective bargaining agreement, and is not imposed at the will of the employer.

Apart from the employers' concern regarding privacy, the former also has to accept that there is an expectation on the part of the employee of his/her right to privacy of information. The employer must commit to ensuring that employees' confidential information is not disclosed or is not accessible for disclosure through the facility of the internet. To both employer and employee the matter of disclosure therefore emerges as a critical if not the most critical issue associated with the use of the internet and e-commerce.

MANAGING HIV-AIDS IN THE WORKPLACE

Research findings suggest that in the Caribbean and Africa the HIV-AIDS infection rate among young women below twenty-four years of age is approximately six times higher than among men in the same age category.

The HIV-AIDS pandemic is a growing national concern insofar as it severely impacts on the able-bodied workforce, as the majority of persons who are infected fall between the ages of 14-50. The loss is a tremendous one, considering that the health of persons in their productive years is compromised. Employers are challenged to come to grips with the incidence of increased absenteeism, the effect of which is the increase in labour costs. Further to this, they are forced to deal with the impact that HIV-AIDS has on declining morale and productivity in the workplace.

Added to all this is the concern that HIV-AIDS is threatening fundamental rights in the world of work. This relates specifically to discrimination in the hiring process, something that management should guard against. It is important that discrimination in employment is not practiced, for to encourage such would not be assisting in contributing to poverty reduction through access to work.

In meeting the challenge of HIV-AIDS in the workplace, it is important that management familiarizes itself with the International Labour Organization (ILO) Code of Practice on HIV-AIDS. The ILO stresses the need to prevent the spread of the HIV-AIDS, the need to manage and mitigate the impact of HIV-AIDS on the world of work, the care and support of workers affected by HIV- AIDS, and the elimination of the stigma and discrimination on the basis of real or perceived HIV status. Employers would be encouraged to observe the key principles of the ILO Code of Practice, the features of which are outlined below.

1.   Non-discrimination:

There should be no discrimination or stigma against workers on the basis of real or perceived HIV status—casual contact at the workplace carries no risk of infection.

2.   No screening for purposes of employment:

Testing for HIV at the workplace should be carried out as specified in the Code. Testing should be voluntary and confidential, and never used to screen job applicants or employees for the purpose of employment, promotion, training, access to benefits, and/or insurance schemes.

3. Confidentiality:

Access to personal data, including a worker's HIV status, should be bound by the rules of confidentiality set out in existing ILO instruments.

4. Continuing the employment relationship:

Workers with HIV-related illnesses should be able to work in appropriate conditions for as long as medically fit.

5. Prevention:

The social partners are in a unique position to promote prevention efforts through information, education and support for behaviour change.

6. Care and support:

Workers are entitled to affordable health services and to benefits from statutory and occupational schemes.

EMPLOYEE EVALUATION FORM

Employee Name: _____

Date of Evaluation: _____

Date of Employment: _____

Length of time in position: _____

Names of Reviewer(s): _____

_____

Does the attached job description reasonably reflect the essential
functions required of this position and accurately represent the job?

YES _____ NO _____

This evaluation is to be made annually and should be based on performance since the last evaluation. Indicate for each item using the rate you consider most appropriate from the chart below. The reviewer may want to mention specific strengths, weaknesses, or add general comments and suggestions to illustrate or explain any ratings given. A copy of this form will be given to the employee and the original shall become a permanent part of their record.

Outstanding   Indicates extraordinarily high performance, beyond what is expected

Very Good   Indicates performance that exceeds usual expectations

Good   Indicates performance that meets what is expected

Below Normal   Indicated that responsibilities are not being met as well as expected

Unacceptable   Indicates unacceptable performance in need of immediate improvement

Not Applicable   Activities during the evaluation period did not allow a proper evaluation

1. Personal characteristics reflect a high degree of integrity, maturity, dependability and enthusiasm. O V G B U N

2. Exercises good work habits to effectively perform assigned duties. Provides information clearly and effectively, including written and verbal correspondence. O V G B U N

3. Is well organized, capable of placing priorities, and is conscious of the importance of time management. Employee meets deadlines. O V G B U N

4. Keeps the General Secretary and Committees informed as to the status of projects or problems that arise. O V G B U N

5. Readily accepts responsibility and exerts effort beyond demands. O V G B U N

6. Respects confidentiality of member information and administrativeinformation. O V G B U N

7. Understands and adheres to policy, procedures, by-laws and internal office routines. O V G B U N

8. Is courteous, tactful, and cooperative with others. O V G B U N

9. Recognizes the importance of teamwork. O V G B U N

10.   Maintains a positive attitude.   O V G B U N

11.   Is loyal and projects a good image of the company.
                                                    O V G B U N
12.   Is receptive to criticism.   O V G B U N

13.   Is sensitive to the appearance of the office.   O V G B U N

14.   Makes it easy for affiliates to communicate with the company.
                                                    O V G B U N

15.   Places high priority on meeting and exceeding the needs of the
        affiliates and officers.   O V G B U N

16.   Accomplishes appropriate volume of results (Quantity).
                                                    O V G B U N

17.   Produces accurate and thorough results (Quality).
                                                    O V G B U N

18.   Demonstrates initiative in fulfilling job duties.
                                                    O V G B U N

18.   Demonstrates sufficient knowledge of the role of the company.
                                                    O V G B U N

19.   Is punctual for work.   O V G B U N

20. Demonstrates initiative for identifying and resolving problems and conflicts and identifying and completing work assignments.　　　　　　　　　　　　　　　　O V G B U N

21. Uses work time productively to complete tasks in timely manner, consistent with deadlines as appropriate.

　　　　　　　　　　　　　　　　　　　　　　　O V G B U N

22. Pays attention to detail.　　　　　O V G B U N

23. Uses resources and materials wisely.　　O V G B U N

24 . Goes the extra mile.　　　　　　O V G B U N

25. Adapts to changes in a professional manner.　O V G B U N

Strong Points:

_____

_____

_____

_____

Weaknesses:

_____

_____

_____

Suggestions/Comments:

_____

_____

_____

_____

_____

_____

_____

_____

Reviewers Signatures: _____

_____

Employee Signature: _____

Date: _____

DISCRIMINATORY EMPLOYMENT PRACTICES

The improvement in employment practices is widely being promoted as one way of contributing to the creation of a stable industrial relations environment. This places an obligation upon employers to follow best practices in the hiring, firing and promotion of employees. It means that they ought to refrain from any unsavory practices that undermine efforts at achieving a stable industrial relations climate. Notwithstanding the fact that employers have the right to final decision-making and determination to safeguard the viability of their operations, they stand to be charged with failing to observe the principle governing respect for the rights and entitlements of workers where they actions run contrary to following the established standards and procedures.

There is much to marvel about when reports surface about the unceremonious termination of employment of employees, discriminatory practices in the hiring process, and supersession in instances of promotion. There can be no fairness or justice where an employee is unfairly terminated. It is highly improper for an employee to report for duty, and at the end of the day without any prior notification, be served with a letter of termination or notice of lay-off for a period of time. In the case of termination, it is to be regretted if employers do not see the injustice of such action.

Akin to this is the termination of an employee without the offering of a reason for the decision. This behaviour does not sit well with employees or trade unions. It conveys a level of inhumane treatment on the part of the employer, and certainly does little to inspire respect, confidence and motivation of remaining staff members.

There is more likely to be an acceptance of the employers' action, where termination is linked to 'just cause.' Even in such a case, depending on the severity of the matter, it would be expected that procedure is followed, where at the minimum there is an investigation, and the employee is given a hearing.

Employers should acquaint themselves with the provisions of the national employment policy in order to familiarize themselves with what is stated therein on the termination of employment. It should be not be overlooked that **all employees shall enjoy the right not to be unfairly dismissed, or not to be unfairly prevented from continued employment.** As set out in Protocol VI of the Social Partnership of Barbados (2011- 2013), termination of employment is subject to the procedure that accords with the principle of natural justice, and the principles enunciated by the International Labour Organization (ILO).

In the process of layoff, there is the burning question about whether or not the principle of 'last in- first out' is being observed. If this principle is observed, then the issue of fairness stands to be addressed. Any violation of the principle would seem to suggest that there is an element of favourtism being played out.

In the process of hiring employees, the issue of discrimination is one that tends to surface. It is not uncommon to learn of cases of apparent discrimination that is tied to age. Persons in the 45-60 age category are known to have complained that they were overlooked for employment in preference to younger individuals. Employers who engage in such practice should be cognizant that in doing so they may well be denying an individual the right to work. The denial of employment based on age runs contrary to the principle as enunciated under Article 23 of the Universal Declaration of Human Rights. This provision states that "everyone has the right to work, to free choice of employment, to just and favourable conditions of work and to the protection against unemployment."

Turning to the issue of supersession, this has seemingly become a workplace bugbear. It is usually associated with the by-passing of persons who are deemed to be eligible for promotional opportunities within the organization. There is the expectation that in this contemporary world, organizations would tend to enter into collective bargaining agreements which address the terms and conditions of services, inclusive of the criterion for promotion. Any deviation from the criteria would call into question the integrity of the system, and can cast doubts about the actions of those who have the responsibility to administer the process. Employers should undertake to ensure that there is transparency and accountability in completing the process in order to reduce incidences of complaints that an individual has been unfairly treated.

APPLYING UNIVERSAL ETHICAL PRINCIPLES IN THE WORKPLACE

In the workplace there is the expectation that management will undertake to apply standards that reflect that it accords with universal ethical principles which underpin its behavior and relationship with the internal customers of the employees, and the external customers in the public that the organization serves.

For a harmonious working relationship to exist in the workplace, the manager has to first demonstrate a respect for people. Added to this is the recognition that people are to be treated fairly. This means that they are not to be discriminated against, abused or exploited. It logically follows that there should be respect for the observance for equity and justice.

Insomuch that justice is concerned with power sharing and preventing the abuse of power, it becomes imperative that management moves to embrace workers in working to achieve full worker participation, and the ultimate of collective responsibility.

Successful and effective managers rarely lose sight of the fact that people are the most valuable resource of any organization. It is against the backdrop of this that the realization emerges that people who have both a personal and professional responsibility should be treated as individuals with rights to be honoured and defended.

It is therefore important to relate to the fact that the principle of taking personal and professional responsibility requires not only that people avoid doing harm to others, but that they exhibit courteous behaviour; and in so doing uphold the standards expected of all persons.

Such high moral standards could be exemplified by not engaging in or becoming party to such activities as fraud, embezzlement, moral turpitude, illegal drugs or the use of misleading statements.

If management is to understand its role and to have an appreciation of what is expected of it in leading a successful organization or work team, it ought not to lose sight of the core principles that guide ethical behaviour within the workplace. These are identified as values, trust, loyalty and commitment, honesty, respect for one another, and avoiding conflicts of interest.

Management is therefore entrusted with the ethical responsibility of making the well-being of the enterprise and its employees the basis for decision-making and action. Equally so, management is expected to show respect for the civil and trade union rights of employees, to undertake to execute professional responsibilities with honesty and prosperity, to maintain professional relationships that rule out vindictiveness, willful intimidation and disparagement, to protect confidential information, and to avoid preferential treatment and conflicts of interest.

It is essential that management seeks to honour all contracts until completion, release or dissolution by mutual agreement with all parties. It is imperative that personal politics has no part in business.

Most importantly, managers need to show respect for the labour code/ standards and national laws governing business and employment practices.

IMPROVING WORKPLACE RELATIONS AND PERFORMANCE THROUGH MOTIVATION

Motivation can be best described as the means of getting people to exert a high degree of effort on the job. It is to be understood that varied approaches are required to motivate different people. What is known is that the actions of management can serve to determine the level of motivation that is generated among employees in the workplace, as employees tend to be driven by the expectations of management.

It is incumbent upon management to seek to address the issue of motivation by developing initiatives that are directed at more accurately diagnosing performance problems, understanding what makes effective performance possible, designing Human Resources Development programmes to motivate employee performance, and enhancing and driving that performance through a shared vision of the organization.

Through these initiatives, management would surely be driving a process that is aimed at securing the survival of the individual organization, and generating higher levels of productivity.

The important question that remains to be answered is: What can management do to motivate employers? There is an inexhaustible list of initiatives from which to choose. Management ought to recognize that the participation of employees in the decision-making process makes for a bonding between management and employees. There is the need to show appreciation for work done. The payment of good salary/wage, job security, good working conditions, the provision of safe and interesting work, the provision of a safe and healthy working environment, fair disciplinary procedures and a system of recognition and awards.

Management ought not to lose sight of the fact that the satisfying of employees' needs, the setting of work-related goals, its personal loyalty to employees, and its general interest in the personal welfare of its employees become paramount if the expectations of management are to be realized, and if growth and the survival of any organization are to be assured.

These apart, management needs to focus on the workplace orientation of its employees as one way of stimulating them into action. Orientation may be pitched at the level of 'Overview Orientation' or 'Job Specific Orientation'. In the instance of Overview Orientation, focus is to be placed on the basic information an employee needs to understand, inclusive of the system(s) under which he/she works, an introduction to the policies and general procedures to be followed, information on rights and responsibilities, entitlements—compensation and benefits, information on safety and health practices and on the physical facilities at the workplace.

As it relates to Job Specific Orientation, the purpose of this is to help the employee understand the function of the organization and how he/she can best be integrated into his/her role. The focus in this instance is placed on job responsibilities, expectations and duties, policies, procedures, rules and regulations, the layout of the workplace, and introduction to coworkers and other people in the wider organization.

Based on the importance attached to the motivation of employees, it requires that management remains conscious of the fact that job satisfaction is reflected in the happiness of each employee. However, there are no shortcuts to achieving this, and hence management must remain mindful of the need for it to meet the following expectations. To begin with, it needs to treat employees as individuals, for this is a sure way to raise the esteem of any individual.

Employee participation and cooperation is to be encouraged as a means of ensuring their commitment to decisions to which they are party. Every effort ought to be made to make work more interesting, which can be achieved through the process of job enrichment. The provision of accurate and timely feedback from management to employees on issues and the demonstration of transparency will surely reduce levels of frustration. If the issue of providing proper remuneration and valued rewards is carefully addressed, it will certainly serve to be a disincentive to employees.

The key to the motivation of employees should therefore be driven by the knowledge that individual satisfaction leads to organizational commitment, whilst dissatisfaction can lead to actions that are not in the best interest of the organization.

ENHANCING WORKPLACE PRODUCTIVITY

The subject of the level of productivity of workers remains a topic of discussion. The argument has been advanced in some quarters that workers are less productive than they should be, and hence are not deserving of the fixed salaries and wages that they are paid. This may be dismissed as a matter of conjecture, but we ought not to do so without giving careful study to the systems that are in place at the individual workplaces in order to measure the productivity or evaluate the performance of employees.

In each workplace it is expected that there are established standards. Consistent with this would be the expectation of the employer that employees will give maximum efforts to their various tasks. Employers are therefore concerned with the level of output of employees, for at the end of the day this determines the overall performance of the business or organization.

Having made this point, there is a need to balance this by calling attention to the fact that it does not start and end with the output of workers. Lest employers are mistaken, it is important that they are reminded of their responsibility in setting the stage that would lead to a productive workplace.

To start with, workers must be provided with a safe place of work. Critical attention must be paid to the conditions of service of employees. It is imperative that employers commit to good recruitment practices. Good human resource practices will contribute to the exercise of good hiring and firing practices. Attention must be paid to the needs of employees, which include personal development. Continuous staff training must be seen as an essential part of the business. The inclusion of workers in decision-making process is a privilege that should be extended. The opportunity ought not to be missed, where possible, to encourage employee share ownership. What better way can the employer induce a higher level of output from the employees if the latter are cognizant that they have a stake in the business?

It is reasonable to assume that they would understand that their efforts, or the lack thereof can contribute to diminishing financial returns. The provision of incentive programmes and/or schemes in both the public and private sectors cannot be ignored. This can serve to be a good motivator.

The establishing of good workplace communications is fundamental to enhancing productivity. It is vital for developing and boosting workplace morale. Accordingly, the significant point which ought not to be ignored is that this leads to the development of good labour management relations.

Employers ought to place emphasis on providing the required physical and human resources at the workplace which are necessary to get the job done. It is wrong to pressure employees or blame them for poor levels of productivity, where all evidence points to the fact that the support infrastructure is lacking. Some employers may have failed in keeping their operations functioning at a specified standard, given that they have not embraced contemporary technologies. Others may be guilty of not having a maintenance programme for the purpose of maintaining the effective and efficient running of their operations. These apart, there are the issues of inadequate staff compliment and poor staff selection. This all adds to frustration, stress, job dissatisfaction, and inevitable workplace disharmony.

Workplace productivity is as much a management issue as it is an employee issue. Both need to be concerned with the level of productivity. As the old adage goes, 'It takes two hands to clap'. In other words, the workplace functions effectively if there is full cooperation between management and labour. Management must carry out its role and function, and provide the infrastructure, tools, equipment, human and other resources that are required to induce employees to give of their best. Succinctly put, there must be an enabling and supportive environment in order to drive productivity.

Whereas productivity is often measured in terms of the overall output of volume and/or quantity, both employers and employees ought not to distance themselves from the fact that tied to productivity is the element of quality. It is unwise to bask in the glory of a high level of production if at the end of the day the quality of work leaves much to be desired and is not appreciated by the consuming public.

If it is accepted that productivity pays, then it requires that good leadership and management dictates that there is a consistent review of the operations of the workplace, and that management and employees collaborate and consult in an effort to make improvement. This is an appropriate way of addressing shortcomings and promoting greater levels of efficiency.

DECLINING SERVICE STANDARDS

Countries across the globe that market themselves as a service economy are now challenged to set high standards of excellence in order to drive and sustain business. There is fierce competition, particularly within the tourism sector. Whatever the line of business, there ought to remain a consciousness that current business and prospective business partners are constantly evaluating the quality of service they are receiving. This has a bearing on the efficiet delivery of service.

With an increasing emphasis being placed on the delivery of quality services, it is imperative that there is a clear understanding of what is to be expected from the business community. For guidance on this, we refer to the definition provided by James Fittzsimmons on service enterprises, who describes them as organizations that facilitate the production and distribution of goods, support other firms in meeting their goals, and add value to our personal lives. If the average businessman could identify with this, then in a service-driven based economy, few will miss the boat in accepting that there is a constant need to measure and assess service quality and customer satisfaction.

In Barbados, the promotion of service excellence is being championed by the National Initiative for Service Excellence (NISE). This organization remains relentless in its efforts to promote that excellence in customer service as the hallmark of success in service industries and among manufacturers of products that require reliable service. Those who are in any doubt about what is meant by excellent service are to be advised that it is the ability to deliver on what you promise.

In Barbados, where tourism is the number one industry, the claim was made over the years that locals were not the recipients of the same quality of service that was being offered to tourists. In 2011, nothing seems to have changed, and the issue of poor customer service remains a genuine concern. It would appear that some Barbadians have grown accustomed to poor customer service. But should customers who patronize businesses and, as a consequence, help to keep them afloat, be willing to accept and tolerate this? Business owners and managers must in part take some responsibility for the poor service that is meted out to customers. They can stand accused of having placed a low priority on training and retaining, and for being too occupied with addressing profit margins. It would, however, be unfair to place all the blame on the shoulders of business owners and managers, for coupled with their failings have been the declining standards and values within the society. It is general knowledge that a number of negative behaviours are exhibited by employees. The lack of courtesies extended to customers by employees, and the generally indifferent attitudes exhibited, all tell a tale.

What can be done to improve the level of service offered to customers? It can begin with service standard initiatives that are directed at improving the quality of service. The customer ought to know what to expect from the enterprise, how services will be delivered and what they cost, and what clients can do when services they receive are not acceptable.

It is in the interest of every enterprise to set its own benchmarks. The process of benchmarking allows the enterprise to identify and recognize 'good' and 'best' practice, and to make a comparison to what is accepted both nationally and internationally. At the end of the day, every enterprise should strive to meet the expectations of the customer. It therefore follows that there should be a mechanism in place to measure the customer's experience. If this is not done, it makes no sense putting a suggestion box in place or undertaking to record the complaints of the customers if there is no action taken to correct or improve the situation.

It is strongly advocated that if enterprises intend to seriously contemplate efforts at improving the delivery of service, then the first order of business is to understand the needs of the customer. The objective of this step is to define a system that successfully meets these needs and the key performance indicators. This would include establishing performance standards, performance indicators and measures for monitoring and evaluation.

EMPLOYEES RIGHT TO BE UNIONIZED

I t seemed like only yesterday that the world was in a state of euphoria as it welcomed the coming of the new millennium and the first decade of the 21st century. Ever since then people across the globe have seen many changes in labour relations. The advent of globalization has significantly changed the character of labour relations, as it has brought with it many changes to the employer–employee relationship. This has proven to be a major challenge for workers and the trade union movement. The challenge has been two-fold. First, there has been the move to contract employment, and second, job losses by way of lay-offs and retrenchment have emerged as prominent features. Security of tenure now remains under constant threat.

These developments have created a level of uneasiness for both workers and trade unions. There was the expectation that the modern-day workplace, which is being driven by the technological age coupled with the expansion of the global marketplace leading to increased levels of competition and the demand for new services, would have stimulated employment creation.

The bottom line is that this has not been the case. The fallout has been a growing level of unemployment. This has contributed to a decline in union membership. The further downside is that it has the potential to erode the power base of trade unions.

Research shows that the United States of America, which can be identified as one of the leading employment centres of the world, has been experiencing a decline in union membership. Records show that union membership gradually increased from 7.5% to 7.6% in 2008, but by 2009 had declined to 7.2%.

In the Caribbean island of Barbados where the population is estimated to be 278,000 persons, approximately 140,000 make up the workforce. For whatever reason, only about 30% of the workforce is unionized. This figure is exceedingly low, and could be further reduced where individuals who are offered employment on a contract basis opt not to become unionized. Given that contract employment is becoming a common practice, where employment is for a specific time or on a project basis, persons seeking employment are cautioned that they should not to be lured or enticed into accepting a job offer on the condition that they should not hold membership with a trade union.

It is important that contract workers understand that they too, like all other workers whose terms and conditions of employment are determined subject to a collective bargaining agreement, have a constitutional right to join a trade union of their choice.

Employers would do well to observe the ILO Conventions #87, Freedom of Association, and #98, Right to Organize and Collective Bargaining. Barbados, a small third world developing island state, has not lost sight of the need to follow these guiding principles, and so Chapter 111 (11) of its Constitution addresses the 'Protection of Fundamentals Rights and Freedoms of the Individual':

> "Whereas every person in Barbados is entitled to the fundamental rights and freedoms of the individual, that is to say the right, whatever his race, place of origin, political opinions, colour, creed, or sex, but subjects to respect for the rights and freedoms of others and for the public interest, to each and all of the following, namely:

> (a) life, liberty and security of the person
> (b) Protection for the privacy of his home and other property and from deprivation of property without compensation;
> (c) the protection of the law and
> (d) freedom of conscience, of expression and of assembly and association.

The following provisions of this Chapter shall have effect for the purpose of affording protection to those rights and freedoms subject to the limitations of that protection as are contained in those provisions, being limitations designed to ensure that the enjoyment of the said rights and freedoms by any individual does not prejudice the rights and freedoms of others or the public interest."

Whereupon an employee enters into a contract with the employer, it means that the process of negotiations is at work. However, there are distinct advantages in having a trade union represent the employee's interest. It ought to be recognized that the contract is usually written in legal terms, and hence the language and its interpretation require a level of expertise. In attempting to promote fairness, every effort ought to be made to encourage employees to have a trade union to negotiate the terms of the contract of employment. It ought to be respected that the employee has the right to ensure that the employer does not fall below the minimum compensation and benefits to which the employee is entitled.

Being unionized is therefore the key to safeguarding and preventing the worker from being subjected to the attempts by the employer to exploit and/or undermine the contract. It therefore ought to be the right of every employee to join a trade union of choice.

OBSERVING THE PRINCIPLES OF NATURAL JUSTICE

Complaints made by workers that they have been unceremoniously dismissed from their jobs following an allegation made against them, suggest that the principle of natural justice was not applied. Where this is practiced, it denotes that the principle of fairness is not exercised. In applying the principle of natural justice, it requires that an accused individual is given the opportunity to prove his/her innocence. This is a natural law which is universally accepted, and thus requires no enactment by law makers. Employers and employees alike ought to be aware that this is a fundamental aspect of the grievance and disciplinary procedure within the workplace.

Aligned with the principle of natural justice is what is commonly referred to as due process. The essential features of due process are to give notice, the opportunity to be heard, and the right to defend oneself in an orderly proceeding. In giving real meaning to this, the process commences with a procedure for dealing with grievance and disciplinary issues which are said to be rational and fair, and to clearly outline the basis for disciplinary action, the range of penalties that may be imposed, and the internal appeal mechanism.

The principles of natural justice can therefore be described as basically two-fold. First it is to be emphasized that all parties will have the right to be heard and judged without bias, and secondly, that all issues are thoroughly and justly investigated. Since natural justice is a natural law, it means that it is related to the inalienable right of the individual to be treated fairly and justly. It would therefore be advisable that employers undertake to practice the principles of natural justice at all times.

It ought to be important to every employer to portray an image of being fair and just. Notwithstanding the fact that the employer has the right to institute disciplinary action, it is critical that the requirements of the law of natural justice are satisfied. It is to be understood that the law is intended to protect the rights of the employee. This accords with Article #10 of the Universal Declaration of Human Rights, which states that "Everyone is entitled in full equality to a fair and public hearing by an independent and impartial tribunal in the determination of his rights and obligations and of any criminal charge against him."

Towards ensuring that every individual is treated fairly and justly, the employer has an obligation to observe fair procedures. This process starts with full investigation of the complaint and or allegation before any charges could be preferred. The next step would be that of informing the employee of the complaint and/or allegation. It is important that full details, including available supporting evidence are disclosed to the employee. With the complaint or allegation having been communicated to the employee, it is essential that the employee is given the opportunity to respond to the complaint or allegation. It is expected that the employer would respect the right of the employee to be represented by a person of his choosing, be it the employee representative in the shop steward/trade union, an attorney at-law or a friend. It is important that the employee against whom a complaint or allegation has been made is given adequate time to prepare his/her defence. Finally, in observing a fair and just process, it requires that impartiality underpins the entire process.

On the subject of notice, the principle of procedural fairness requires that the complaint or allegation be communicated to the employee in writing. It is fundamental that the employee is made aware of the source of the allegations or complaint. In his/her defence, the employee or his/her representative must be afforded the opportunity to confront or question witnesses.

When a decision is made in resolving the matter, it is considered an important aspect of natural justice that a reason is given for the decision which was reached. This is one sure way of satisfying all that there was transparency and accountability in the decision-making process. If nothing else, it provides for confidence to be expressed in the system that is deemed to be fair and just.

In subscribing to the phenomenon of natural justice, employers and employees are therefore accepting that justice should not appear to be done, but must be done and should not be denied.

THE PROCESS FOR THE TERMINATION OF EMPLOYEES

The right to hire and fire is an undeniable and enviable privilege that every employer enjoys. Arguably, it is more than a privilege, but a right. There is an expectation that employers would not abuse the power that resides with them, but would act responsibly, justly and fairly when making a decision to terminate the services of an employee. Further, that the decision reflects a sense of maturity, reasonableness and sound judgment. All of this is likely to happen if the employer fails to demonstrate a human face, is not prepared to act hastily, and is not prepared to have any decision that may be prejudiced in any form.

The contention made by employees that they have had their services unceremoniously terminated conveys the impression that the employer or agent of the employer (manager) arbitrarily exercised the right and privilege which they enjoy, without regard to the fact that in so doing the action taken may have infringed the rights of employee(s). It is to be deemed as an injustice if, given circumstance where the services of an employee were to be terminated, the rights he/she has under the law were to be disregarded and disrespected.

It is advisable that employers undertake to act in accordance with the provisions of the local labour legislation, the dictates of common law, the accepted custom, practice and procedures, and the understandings as set out in the disciplinary procedures as agreed upon in the collective bargaining agreement. In following this course of behavior that is expected within the realm of contemporary industrial relations practice, employers can easily avoid any charge made by an employee of having been unceremoniously dismissed. Employers must be mindful of the fact that where their actions are deemed to be inappropriate they run the risk of having a charge levied against them for unfair dismissal and unlawful or wrongful dismissal.

For the purpose of clarity, unfair, unlawful/wrongful dismissal is best described as unjust, harsh and unreasonable. There are simple ways to avoid these occurrences. Firstly, the employer ought to be satisfied that there is valid reason for the termination. It is always best that there is documented evidence to support any decision taken.

It is standard practice that where there is reason to warn an employee of any failure or transgression on his part, that the warning is documented. This is not to say that a verbal warning cannot be issued. However, it may not be in the employer's best interest to rely on memory, or to be placed in a position where a claim cannot be substantiated.

An employer should also ensure that in the instance of a termination, the employee is given a reason why his services are no longer required. This is necessary in order to eliminate any element of doubt. Even in the case of termination for cause, it is appropriate to give a reason. In the case of cause, an employer termination is based on such acts as theft, fraud, embezzlement, intentional disclosure of company trade secrets or any other confidential information, breach of company policy, deliberate destruction of company's property, willful breach that serves to undermine the credibility and image of the company, and willful and continued failure to carry out assigned duties, other than for the reasons that the employee is physically or mentally incapacitated.

Employers should guard against terminating the employment of the employee because the individual has chosen to become a member of a trade union, participates in trade union activities, seeks office as trade union representative, or undertakes to discharge the duties as a representative of the employees, having been elected in a capacity to do so. It is also unacceptable for an employer to terminate employment on the basis of race, colour, age, sex or sexual preference, religion, political affiliation, status, pregnancy or family responsibility.

It is fundamentally wrong for an employer to choose to terminate the services of an employee during the period of maternity or paternal leave. In all cases, an employer should give notice of intended termination to an employee, observe the principle of natural justice, and act within the scope of the law.

It is strongly recommended that employers follow proper procedures in order to avoid any claims of discrimination or lawsuits.

In most cases the termination of the services of an employee is not done on an adhoc basis. It is usually a planned arrangement which, when exercised, should reflect that the employee is provided with a minimum of two weeks' notice of intended termination. It is normal that the period of notice is set out in Terms and Conditions Document/Employee Handbook. The notice period is usually determined under the collective bargaining agreement. As a consequence of providing a notice period, it is expected that an employee would be provided with a termination letter, which informs of the reason(s) for the intended termination. It is important that this is done, as there should be no doubt about the reason for termination.

It is the responsibility of the employer to ensure familiarity on the part of employees and managers with the policies and procedures associated with termination. For this reason, employers should ensure that there is ready access by employees to the company's handbook. As a matter of fact, employers should, at the time of recruiting/hiring new employees ,undertake to acquaint them with the company's policies and procedures.

Managers should also be familiar with the policies and procedures. Moreover, they should be trained in the protocols to be followed in terminating the services of an employee. It is also important that they are encouraged to familiarize themselves with the law, labour conventions and practices.

MANAGING WORKPLACE CONFLICT

Since time immemorial, conflict has characterized the world in which we live. Given that a grievance handling procedure forms part of any collective bargaining agreement, this is a clear indicator that conflict is also a feature of the workplace. Conflict in the workplace is the catalyst for an adversarial employer-employee or employee–employee relationship. The promotion of a harmonious and stable working environment is the ideal solution that would help to eliminate incidences of workplace conflict which potentially may be acrimonious and could lead to substantial fallouts, including down time, loss of productivity, and industrial action.

The world is saddled with conflict at the workplace, and this is evident from the large scale protest action seen in metropolitan countries. In 2010 and 2011 alone, the world witnessed large scale demonstrations by workers in France, Spain and England. In a progressive world, it is reasonable to assume that protest action of such magnitude would have been a thing of the past. Alas, this may be nothing short of wishful thinking. It may be argued that the more things change, the more they remain the same. To conjure the idea that because today's workplace has been revolutionized principally by the advent of globalization and the introduction of new technologies in the workplace and this has drastically changed the employer-employee relationship, is nothing more than a fantasy.

It is almost a certainty that as long as there is an employer–employee relationship, differences will always emerge. It is therefore not unusual for the employer and the trade union as the workers' representative to reach a point of departure in negotiating a new collective bargaining agreement, or to clash on issues of interpretation in the management and execution of the agreement. This apart, there is the recognition that conflict in the workplace grows out of the fact that the environment lends itself to opposing ideas and points of view, upsurge emotions, selfishness, miscommunication, misunderstandings and assumptions. It is because of the resulting disagreements, hostility and contention that conflict resolution strategies are put in place. For what it is worth, it is to be explained that conflict resolution strategies speak directly to identifying problem-solving steps.

In identifying a conflict resolution mechanism within the workplace, it is advisable that all parties start by recognizing that the intention is to address the experience that will emerge from disagreement over the interpretation of facts, disagreements based on behavioural expectations, the incompatibility of goals, and differences over the interpretation of goals.

It can be contended that what happens in the workplace mirrors to a large extent that which emanates from within the wider society. Given the level of violence, coupled with the high incidence of hostile and aggressive behaviours exhibited by individuals in our society which are contributing to a trail of death, destruction, dismemberments, and other forms of physical and psychological injury and/or emotional scars, the importance of identifying problem-solving steps within the workplace and the wider community is not to be understated. There is, however, the need to move away from the quick-fix approach to problem-solving, which primarily throws up short term solutions.

The difficulty with this approach is that the problem-solving steps are not followed. Those who are involved in the process of conflict resolution could do well to follow the problem-solving steps that are observed in the practice of industrial relations. The steps are: defining the problem, the gathering of information, developing alternatives, weighing alternatives, selecting the best alternative, implementing the solution and monitoring the results.

Research has unearthed the fact that employees in the workplace have four major complaints. These are linked to poor communication, which tend to result in conflict. To be specific, it is claimed that management does not listen, communication is generally poor, good performances are not recognized, and the pay employees receive is poor. This evidence also highlights the fact that sixty percent (60%) of employees are dissatisfied with the opportunities for promotion available in the enterprise. Further, they feel that the wrong persons are generally promoted, and that poor performances are acceptable.

An in-depth analysis of what lies at the core of workplace conflict reveals that it begins with the failure of the employees to identify with the goals of their organization. To begin with, these goals are unclear or are known only by a select few. Management has to take responsibility for not communicating the goals of the enterprise to the employees and for acquiring their buy-in. The fallout from this is that the decisions made by employees and supervisors are often inconsistent with the goals of the organization; different employees and departments tend to end up working at cross purposes, and employees are found to be less productive due to the fact that their work is not consistent with the organization's goals.

It is important not to be oblivious to the fact that problems are inevitable. However, we are to be mindful that there is a solution to every problem.

ADDRESSING POOR CUSTOMER SERVICE

The closure of any business can hardly be an exciting experience. To the contrary, it may be an experience that leaves both management and staff perplexed about what has lead to the demise of the enterprise. This means that there are more questions than answers. Generally, when a business closes its doors, most would tend to ascribe financial difficulties that are linked to securing investment capital, high operation overheads, poor management, and the fall of customer patronage. It is true that all of these may apply, but sometimes these are only what appear to be the basis of the problem.

Without any empirical evidence, it would be inappropriate to make a claim that indifferent customer service could be a major contributor to driving an enterprise out of business. It is something that many owners and managers of businesses should pay more attention too. It makes no sense if there are no measurements or monitoring systems in place, so that there can be ongoing assessment of the performance of employees and their overall customer relations.

For whatever reason the talk of providing good customer service sometimes tends to appear to be limited to persons who work within the private sector, and in areas where the focus is primarily that of retail and/or wholesale operations. Where small open economies promote themselves as service economies, it demands that whether persons work within the private and /or public sector, there is an expectation that they should give high quality service.

It is disheartening to learn of the complaints of poor service given to the public when undertaking to conduct business. Reports of poor service speak to slow and inefficient service offered by some shop attendants, attendants at the gas pumps, store clerks, clerical officers in government departments and agencies, bank tellers and the list goes on. Coupled with complaints about the lack of courtesies, it would appear that there is now an unfriendly attitude that pervades the culture of many a business place.

It is unimaginable that this would be the norm. It however remains a serious cause for concern. How many can testify to entering a business place and having to wait patiently to be served while those who should serve you engage themselves in personal conversation or some other activity? How many of us have gone into a bank or post office to find tellers busy strolling all over the place, while other customers stand in line, grumpy about what's going on? To make matters worse, it is said that it would be a fundamental mistake to ask to speak to a supervisor or other senior management personnel.

If this is true, what is being done to arrest the situation? It is not in any employer's interest to ignore these developments. Private sector employers cannot ignore that bad customer service can hurt the bottom-line or even drive them out of business. Government, as the largest employer, should be concerned about how this impacts on efficiency and the overall delivery of service to the public. In Barbados, Public Sector Reform has been identified by the government as the way to address this problem. It is intended to improve on employees' performance and to address customer relations deficiencies that plague the system. The Social Partnerships of Barbados, which comprises the government, the private sector and labour, has created the agency known as the National Initiative for Service Excellence. This agency has the responsibility to provide training to staff for employees in the public and private sector that is designed to raise awareness of the standards to observed and maintained in ensuring that the best customer service is offered at all times.

It is a worthwhile initiative that ought to be emulated across the global landscape, for it certainly can make a difference to the success of every business.

THE VALUE OF AN APPRENTICESHIP TRAINING PROGRAMME

In today's world, the general complaint is that employers, when recruiting employees, are expressing a preference for persons who have had previous work experience. At a time when the job market is saturated with graduates from secondary or high schools, colleges and universities, it is to be expected that the competition for the few available jobs would be great. The odds are heavily stacked against the first time job seekers who, apart from the challenge of not having work experience, are expected to compete in a market where a premium is placed on a high level of academic qualifications. These are benchmarks set by employers, but if not properly managed, could prove detrimental to the life of their businesses.

It is difficult to understand how employers will enable their businesses to grow if they adopt a rigid approach to the recruitment of first time employees. They are therefore left to assess the wisdom and benefits of introducing apprenticeship schemes within their enterprises. Employers ought to be aware that apprenticeship training is designed to ensure that workers have the knowledge, skills and training to do the job. Workplace-based training programmes ought to form part of the development strategy for any business. Recognizing that these programmes have the ultimate goal of providing students graduating from educational institutions with experience in the world of work, they should be encouraged by the private sector.

From the perspective of the young people, it is to be understood that they are receptive to workplace/apprenticeship programmes, as they recognize that by way of participating the opportunity presents itself to learn skills and to gain knowledge which would help them qualify for a full time job on graduating from school, college and or university. Employers need not ignore the fact that over and above the level of skill and knowledge to be attained, apprenticeship training helps the individual to be competitive in the workplace and to build their confidence in the career path that has been chosen.

An objective assessment of apprenticeship training should therefore start by examining the benefits of such a programme. The most significant benefit to be derived by employers is the return to be had on the investment made in the sponsoring of apprenticeship training programmes where they prepare future potential employees.

Employers are able to attract and retain qualified employees, and do so by positioning themselves to offer attractive incentives. The fact that recruited employees who have emerged from the apprenticeship programme have been exposed to training means that this will result in a reduction of expenditure for training. On the other side of the coin, given the fact that a relationship has already been established means the employer would have created a platform for building and securing the employee's loyalty.

In giving further thought to the benefits to be derived by employers, it is required that careful study is given to the purpose of an apprenticeship programme. It is a general view that the apprenticeship programme is designed to enable employers to develop and apply industry standards which have the potential to increase the quality of the workforce and productivity.

If these are to be achieved, the apprenticeship programme would be expected to enhance skill development, establishing a clear link between education and work; to help to create an understanding of the workplace with respect to the standards, practices and procedures; develop a level of workplace responsibility based on the expectations and demands of the job; and to promote and establish a good work ethic that reflects itself in positive work habits and attitudes.

Based on the fact that the apprenticeship programme serves the purpose of ensuring the training standards of the trade are met and that industry standards are improved, employers should undertake to encourage that the programme forms part of their individual institutional culture. As long as the practice is maintained where apprentices are taught on the job by supervisors and experienced workers who have both the experience and practical skills, then all fears should be erased about the employee fitting into the organization. It would be expected that they would already have a good grounding in the organization's vision, value and work requirements.

BAD EMPLOYMENT PRACTICES

T he improvement in employment practices is widely being promoted as one way of contributing to the creation of a stable industrial relations environment. This places an obligation upon employers to follow best practices in the hiring, firing and promotion of employees. It means that they ought to refrain from any unsavory practices that undermine efforts at achieving a stable industrial relations climate. Notwithstanding the fact that employers have the right to final decision-making and determination to safeguard the viability of their operations, they stand to be charged with failing to observing the principle governing respect for the rights and entitlements of workers, where their actions run contrary to following the established standards and procedures.

There is much to marvel about when reports surface about the unceremonious termination of employment of employees, discriminatory practices in the hiring process, and supersession in instances of promotion. There can be no fairness or justice where an employee is unfairly terminated. It is highly improper for an employee to report for duty, and at the end of the day without any prior notification, be served with a letter of termination or notice of lay-off for a period of time. In the case of termination, it is to be regretted if employers do not see the injustice of such action. Akin to this is the termination of an employee without the offering of a reason for the decision. This behaviour does not sit well with employees or trade unions. It conveys a level of inhumane treatment on the part of the employer, and certainly does little to inspire respect, confidence and motivation of remaining staff members. There is more likely to be an acceptance of the employers' action, where termination is linked to 'just cause.' Even in such a case, depending on the severity of the matter, it would be expected that procedure is followed, where at the minimum there is an investigation and the employee is given a hearing. Employers should acquaint themselves with the provisions of the national employment policy to familiarize themselves with its provisions on the termination of employment. It should not be overlooked that all employees shall enjoy the right not to be unfairly dismissed, or to be unfairly prevented from continued employment. As set out in Protocol VI of the Social Partnership of Barbados (2011- 2013), termination of employment is subject to the procedure that accords with the principle of natural justice, and the principles enunciated by the International Labour Organization (ILO).

In an attempt to remedy any shortcomings with respect to the termination of employment, it would be ideal if employers sought to embrace the provisions 6.10 of Protocol VI of the Social Partnership of Barbados (2011- 2013), as these speak to best practice. An employer contemplating termination should:

(a) Provide the workers' representative concerned in good time with relevant information including the reasons for the termination contemplated, the number and catergories of workers likely to be affected, and the period over which the terminations are intended to be carried out.

(b) In accordance with national law and practice, give the workers' representatives concerned, as early as possible, an opportunity for consultation on measures to be taken to avert or to minimize the terminations and measures to mitigate the adverse effects of any termination of workers (such as finding alternative employment).

(c) Give due consideration to workers' representatives with regard to their retention in employment in case of a reduction of the workforce.

In the process of lay-off, there is the burning question about whether or not the principle of 'last in-first out' is being observed. This principle, if observed, would address the issue of fairness. However, the violation of the principle would seem to suggest that there is an element of favouritism being played out.

In the process of hiring employees, the issue of discrimination is one that tends to surface. It is not uncommon to learn of cases of apparent discrimination that are tied to age. Persons in the 45-60 age category are known to have complained that they were overlooked for employment in preference to younger individuals. Employers who engage in such a practice should be cognizant that in doing so they may well be denying an individual the right to work. The denial of employment based on age runs contrary to the principle as enunciated under Article 23 of the Universal Declaration of Human Rights. This provision states that "everyone has the right to work, to free choice of employment, to just and favourable conditions of work, and to protection against unemployment."

Turning to the issue of supersession, this seemingly becomes a workplace bugbear. It is usually associated with the by-passing of persons who are deemed to be eligible for promotional opportunities within the organization. There is the expectation that in this contemporary world, organizations would tend to enter into collective bargaining agreements which address the terms and conditions of service, inclusive of the criterion for promotion. Any deviation from the criteria would call into question the integrity of the system, and can cast doubts on the actions of those who have the responsibility to administer the process. Employers should undertake to ensure transparency and accountability in completing the process, in order to reduce incidences of complaints about individuals being unfairly treated.

MANAGING POWER AND AUTHORITY

The abuse of power and authority by those in managerial positions is a charge that is known to be levied by employees who often fall victim to arbitrary action on the part of those who somehow feel that they have the right to throw their perceived weight around.

For the benefit of employers and management personnel, inclusive of those in middle and/or supervisory management, authority is seen as the legitimate right of a person to exercise influence or the legitimate right to make decisions, to carry out actions, and to direct others. It is to be noted that with authority comes power. Power is described as the ability to influence people toward organizational objectives. Managers are to be cautioned of the fact that there are limits on the authority and power they exercise. Those managers, chief executive officers and supervisors who abuse their authority run the risk of becoming ineffective.

It is critical that top management and supervisory management personnel recognize that leadership can make a great difference to how a business, organization or team performs. It should never be about the leader and their perceived power, for this is the recipe for failure. There is no place for any leader who assumes an all-powerful role and uses the position they hold to minimize the voices of others. As a leader, it is expected that every manager and supervisor would use their power positively. By so doing, it serves to encourage, motivate, and empower all employees and individuals within any given organization to want to make a contribution. Those managers who are guilty of not using their power positively may stand accused of abusing their authority, and will more than likely act in a way which will be considered as coercive and, in extremes, could be classified as bullying. Research suggests that the latter situation is one which appears to be on the increase and is contributing to other problems in the workplace such as stress.

How can one account for this emerging behavioral trend? There is merit in the view that when people who are put into roles where they have considerable 'position power' lack a high level of confidence in their own ability feel out of their depth. This point of view is supported by Graham Yemm, who argued that "Many who are abusing their power do not always realize that they are doing it, or why. The reason is usually that they are struggling in their role."

There is the school of thought that those who demonstrate such behavioural traits usually feel a need to cover their discomfort and so resort to masking their own failings by abusing the power they hold. They tend to be guilty of making threats, unreasonable demands, using intimidating body language, and setting unreasonable levels of expectations, among other things.

In searching for an answer to why persons behave in this manner, the reasons which surface are the fear of losing their position and the likely loss of face, status and money. Apart from the reasons for the behavior of the individual, there is also the issue of the ethical nature of the power abuse. The ethical nature focuses on two dimensions. These are the disrespect for individual dignity and interference with job performance.

As a leader, you have a choice about whether you abuse or use the power you are given. However, it is in the best interest of all managers to avoid abusing their power and authority. This could best be achieved when smart managers realize they have authority over others, but recognize that their job is to enhance performance, not hinder it.

Those who seek to use their power and authority to discipline others ought to remember that their ultimate objective is to correct behavior and not to punish employees. For what it is worth, you need to be reminded that your behavior can be constituted as harassment. Harassment may take the form of words, gestures or other actions that may annoy, alarm, abuse, intimidate or cause an intimidating, hostile or offensive environment. It would be best if improper and unwelcome conduct is avoided, as it can be perceived to cause offence and humiliation to others.

PROFESSIONALISM IN THE WORKPLACE

The word professionalism is one that is now widely used in the workplace, and is tied to the approach adopted by an enterprise in conducting business activity. It is also a word which is often misused. The actions associated with the operations of some enterprises which are principally driven by poor standards, inept attitudes and a dismal business acumen, fall short of what is to be accepted as professional behavior. In the world of work in the 21st century, it is quite disturbing that these are thrown up as features of professionalism.

Professionalism is defined as 'An occupation to which a person is specifically drawn or for which they are suited, trained or qualified. It requires having the knowledge and skill for a specific trade that becomes one's life's work, from which he/she earns a living. It is not a pastime.'

This definition denotes that professionalism is about meeting accepted standards. This provides the basis for the argument that the standards are fundamental to the growth, development and sustainability of any enterprise.

There is every good reason to accept the argument that where best practice is followed in any enterprise, this is an indicator that the operations are underpinned by a level of professionalism.

Professionalism is something that is expected to be displayed at all levels of the workforce, and hence those who operate within the formal and informal economy have no legitimate excuses for any behavior that falls outside of what is required in their area of business activity. There are some basic standards to be observed as a matter of course. These include good customer service, good manners and respect, honesty and responsibility, tolerance, appropriate dress and putting pride in your work. These are some of the basic things that are lacking in today's workplaces.

Unprofessional behavior is more than a perceived threat to doing business. If it is allowed to go unchecked, it can lead to the demise of some business places, as they certainly stand to lose customers. Individuals who operate as sole proprietors, consultants, entrepreneurs or self-employed persons should be conscious of the fact that they to a large extent hold their future in their hands. They should not attempt to masquerade as professionals if they do not have the requisite knowledge, training and qualifications which qualify them for what they do.

Business owners may wish to assess the level of professionalism that characterizes their individual enterprise. The individual worker should also examine his/her approach in the discharge of the duties and indeed their work ethic. A conscious approach ought to be adopted for the purpose of addressing any identifiable grey areas. At the enterprise level, the key to this is to provide avenues for training and retraining of staff. There must be insistence on compliance and the observance of best practices. Standards must be set and enforced. This means that monitoring systems must be set in place in order to assess the quality of performance and compliance. Entrepreneurs and self-employed persons must hold themselves to high standards. There should be no sitting on one's laurels, as this in itself is a dangerous practice. Setting high standards is the only way to attract new customers and to maintain customer loyalty.

If enterprises and individuals are to be credited as being professional, then it is expected that they set high standards, take advantage of every opportunity, share knowledge and experience, dedicate themselves to the service of their customers, be innovative, develop persuasive powers, and take initiative for the purpose of inspiring others and to be accountable.

EMPLOYEE ENGAGEMENT

T he term 'employee employment' may be a relatively new term to some industrial relations and human resource practitioners. Employee engagement is described as "A positive attitude held by the employee towards the organization and its values. An engaged employee is aware of business context, and works with colleagues to improve performance within the job for the benefit of the organization. It requires a two-way relationship between the employer and employee." (Institute of Employment Studies, *Engagement: The Continuing Story 2007*)

In calling attention to the importance attached to employee engagement, specific reference is made to the published results of the 2011 NISE Employee Engagement Index Survey (NEEX) in the island of Barbados. The survey findings revealed that only 3 of every 10 employees and only 30 of every 100 employees are working at their full potential. The conclusion was reached that "It is like we are running an economy on 30%." This is certainly disconcerting news for a small island state which has a population of approximately 276,302 persons, and an estimated workforce of 144,000 employees.

This is bad news for any economy that is working towards the improvement on its level of productivity so as to enable it to be competitive, and deliver on providing high quality service that is integral to the promotion of a service economy.

It is in most cases that there are signs of a downturn in the gross domestic product of an economy. In many instances and for whatever reasons, these are totally ignored. Some of the signals appear in the form of the growing incidence of absenteeism, high turnover of staff, supersession, poor employee–employer relationships and internal communication, the non-involvement of workers in the decision-making process, and matters of safety and health in the workplace.

The findings of the survey leave little doubt about the top barriers impeding employee engagement in Barbados. Those it highlighted are: dissatisfaction with pay, working conditions and access to resources, dissatisfaction with opportunities for personal and career development, lack of effective working relationships with colleagues, lack of sufficient recognition and appreciation, failure of supervisors/managers to motivate, inspire and encourage engagement, lack of effective internal communication among managers, supervisors, staff, colleagues, perceived unfairness/lack of trust, and organizational goals and values that are not understood and communicated. These findings paint a sordid or unpleasant picture of the workplace in Barbados.

Some may wish to speculate on the reasons which give rise to these barriers, but persons might be increasingly aware of the many changes in the work environment that tend to impact on employee commitment and loyalty, which are fundamental to employee engagement. You may wish to see how the move to contract employment has changed the work relationship and attitudes with the work environment. With less emphasis being placed on security of tenure, this serves as a disincentive to many employees. Further to this, there is the issue of motivation for employees who are not exposed to job training and retraining, or incentivized to pursue career or personal development programmes.

It is reasonable to expect that younger persons entering the work force will be highly energized and enthusiastic, and therefore readily engaged. This can all be derailed if employers in the private sector engage in practices that are illegal and unethical, such as underpaying workers and attempting to flout provisions of the labour laws such as the Shop's Act, by not paying for overtime work, which is work completed after the statutory 40 hour work week.

On another level, nothing can be more disadvantageous than that of having an employee who has worked with a private sector enterprise for a period of over five years being required to reapply for assignment at the end of each quarter. This certainly will not lend to the engagement of an employee. By the same token, employees in the public sector are unlikely to be engaged if having worked continuously for over ten years, yet remain not appointed to Public Service.

It can be even more devastating in instances where individuals are not granted study leave to complete academic studies, and who are overlooked for promotional opportunities for which they qualify and deserve based on their performance. What stands out as a common inhibitor to employee engagement in both the public and private sectors is that of the lack of sufficient recognition and appreciation.

Employers and managers could do well to adopt the tenets for promoting employee engagement as determined by the NEEX Survey. These are:

- Managers/Supervisors need to embrace the concepts of employee engagement and nurture it
- Clear, accessible HR policies and practices and visible commitment by managers at all levels
- Improve communications, connect and align employees roles/efforts to meaningful outcomes
- Nurture effective internal communication
- Commit to employee well-being.

Employee engagement can be achieved provided that employees develop and showcase the right attitude, and where employers provide the enabling working environment.

THE PROCESS FOR THE TERMINATION OF EMPLOYMENT

T he right to hire and fire is an undeniable and enviable privilege that every employer enjoys. Arguably, it is more than a privilege, but a right. There is an expectation that employers would not abuse the power that resides with them, but would act responsibly, justly and fairly when making a decision to terminate the services of an employee. Further, that the decision reflects a sense of maturity, reasonableness and sound judgment. None of this is likely to happen if the employer fails to demonstrate a human face, is not prepared to act hastily, and is not prepared to have any decision that may be taken prejudiced in any form.

Based on the contention made by employees that they have had their services unceremoniously terminated, this conveys the impression that the employer or agent of the employer (manager), arbitrarily exercised the right and privilege their enjoy without regard to the fact that in so doing the action taken may have infringed the rights of employee(s). It is to be deemed an injustice if any given circumstance where the services of an employee were to be terminated, that the rights he has under the law, were to be disregarded and disrespected.

It is advisable that employers undertake to act in accordance within the provisions of the local labour legislation, the dictates of common law, the accepted and custom and practice procedures, and the understandings as set out in the disciplinary procedures as agreed upon in the collective bargaining agreement. In following this course of behavior that is expected within the realms of contemporary industrial relations practice, employers can easily avoid any charge made by an employee of having been unceremonious dismissal. Employers must be mindful of the fact that where their actions are deemed to be inappropriate, that they run the risk of having a charge being levied at them for unfair dismissal and unlawful or wrongful dismissal.

For the purpose of clarity, unfair, unlawful/wrongful dismissal is best described as unjust, harsh and unreasonable. There are simple ways to avoid this occurring. First, the employer ought to be satisfied that there is valid reason for the termination. It is always best that there is documented evidence to support and decision taken.

It is standard practice that where there is reason to warn an employee on any failure or transgression on his part, that the warning is documented. This is not to say that a verbal warning cannot be issued. However, it is to be reiterated that it may not be in the employer's best interest to rely on memory, or to be placed in a position where a claim cannot be substantiated.

An employer should also ensure that in the instance of a termination the employee is given a reason why his services are no longer required. This is necessary to avoid in order to eliminate any element of doubt. Even in the case of termination for cause, it is appropriate to give a reason. In the case of cause, an employer termination is based on such acts as theft, fraud, embezzlement, intentional disclosure of company trade secrets or any other confidential information, breach of company policy, deliberate destruction of company's property, willful breach that serves to undermine the credibility and image of the company, and willful and continued failure to carry out assigned duties, other than for the reasons that the employee is physically or mentally incapacitated.

Employers should guard against terminating employment of the employee because the individual has chosen to become a member of a trade union, participates in trade union activities, seeks office as trade union representative, or undertakes to discharge the duties the duties as a representative of the employees, having been elected in a capacity to do so. It is also unacceptable for an employer to terminate employment on the basis of race, colour, age, sex or sexual preference, religion, political affiliation, status, pregnancy or family responsibility.

It is fundamentally wrong should an employer choose to terminate the services of an employee during the period of maternity or paternal leave. In all cases employee should subscribe to giving notice to an employee of intended termination, to observe the principle of natural justice, and to act within the scope of the law.

It is strongly recommended that employers follow proper procedures to avoid any claims of discrimination or lawsuits.

In most cases the termination of the services of an employee is not done on an adhoc basis. It is usually a planned arrangement which when exercised should reflect that the employee is provided with a minimum of two weeks' notice of intended termination. It is normal that the period of notice is set out in Terms and Conditions Document/Employee Handbook. The notice period is usually determined under the collective bargaining agreement. As a consequence of providing a notice period, it is expected that an employee would be provided with a termination letter, which informs of the reason(s) for the intended termination. It is important that this is done, as there should be no doubt as the reason for termination.

It is the responsibility of the employer to ensure familiarity on the part of employees and managers with the policies and procedures associated with termination. For this reason, employers should ensure that there is ready access by employees to the company's handbook. As a matter of fact, employers should at the time of recruiting/hiring new employees undertake to acquaint them with the company's policies and procedures.

Managers should also be familiar with the policies and procedures. Moreover, they should be trained in the protocols to be followed in terminating the services of an employee. It is also important that they are encouraged to familiarize themselves with the law, labour conventions and practices.

Regional
Management
Services

www.ingramcontent.com/pod-product-compliance
Lightning Source LLC
Chambersburg PA
CBHW062013200326

41519CB00017B/4790

MINISTÈRE DE L'INSTRUCTION PUBLIQUE

CAISSE NATIONALE DES RECHERCHES SCIENTIFIQUES

RECHERCHES
SUR
L'ÉPURATION BIOLOGIQUE ET CHIMIQUE
DES EAUX D'ÉGOUT

EFFECTUÉES A L'INSTITUT PASTEUR DE LILLE
ET A LA STATION EXPÉRIMENTALE DE LA MADELEINE

SOUS LA DIRECTION DU

D' A. CALMETTE

Membre correspondant de l'Institut et de l'Académie de Médecine

ANALYSE DES EAUX D'ÉGOUT

PAR

E. ROLANTS

Chef de laboratoire à l'Institut Pasteur de Lille

I" SUPPLÉMENT

PARIS
MASSON ET C", ÉDITEURS
120, BOULEVARD SAINT-GERMAIN

1908

RECHERCHES

SUR

L'ÉPURATION BIOLOGIQUE ET CHIMIQUE

DES EAUX D'ÉGOUT

61581. — Imprimerie LAHURE, 9, rue de Fleurus, à Paris.

MINISTÈRE DE L'INSTRUCTION PUBLIQUE

CAISSE NATIONALE DES RECHERCHES SCIENTIFIQUES

RECHERCHES

SUR

L'ÉPURATION BIOLOGIQUE ET CHIMIQUE
DES EAUX D'ÉGOUT

EFFECTUÉES A L'INSTITUT PASTEUR DE LILLE

ET A LA STATION EXPÉRIMENTALE DE LA MADELEINE

SOUS LA DIRECTION DU

Dr A. CALMETTE

Membre correspondant de l'Institut et de l'Académie de Médecine

ANALYSE DES EAUX D'ÉGOUT

PAR

E. ROLANTS

Chef de laboratoire à l'Institut Pasteur de Lille

1er SUPPLÉMENT

PARIS

MASSON ET Cie, ÉDITEURS

120, BOULEVARD SAINT-GERMAIN

1908

INTRODUCTION

L'épuration des eaux d'égout est devenue un des problèmes les plus intéressants de l'assainissement; aussi, surtout dans ces dernières années. un grand nombre de travaux ont-ils été publiés par des savants proposant ou étudiant de très nombreux procédés pour arriver à ce but. Ce problème se pose non seulement pour les villes qui ont à rejeter tous les déchets de la vie de leurs nombreuses populations et transformant par ce rejet les cours d'eau en véritables égouts, mais aussi pour les petites agglomérations et même pour les habitations isolées. En effet, si dans le premier cas les eaux d'égout créent souvent des nuisances sensibles à tous, comme la production d'odeurs nauséabondes, partout il y a lieu de craindre pour la pollution des eaux souterraines ou superficielles qui servent à l'alimentation.

Dans certaines contrées, les eaux résiduaires des industries diverses augmentent encore la pollution des eaux d'égout et peuvent même créer à elles seules de graves dommages dans les cours d'eau, aussi doivent-elles être traitées de façon à supprimer cette pollution.

Aucun des nombreux procédés d'épuration actuellement connus ne peut avoir un emploi absolument général, et il ne semble pas qu'il puisse en être autrement dans l'avenir; ils peuvent se diviser en 5 classes :

1° Les procédés mécaniques, décantation, filtration ;

2° Les procédés mécanico-chimiques, précipitation chimique :

3° Les procédés biologiques, irrigation culturale, filtration intermittente, procédés bactériens.

Ces procédés ont été décrits dans les volumes précédents. Chacun d'eux peut avoir une indication bien déterminée, et le succès de l'épuration dépend du choix du procédé employé.

Dans chaque cas, après étude des conditions locales, avant que l'ingénieur prépare les plans de construction, les principes scientifiques, suivant lesquels on devra épurer l'eau, seront déterminés d'accord avec un chimiste bactériologiste ayant une expérience spéciale de ces questions. Que d'insuccès peuvent être évités en procédant de cette manière ! Ainsi, bien que les procédés mécanico-chimiques doivent être évités autant que possible à cause de l'encombrement des boues qu'ils produisent et de l'épuration imparfaite qu'ils donnent, on devra y avoir recours toutes les fois que les eaux d'égout ou les eaux résiduaires industrielles contiennent des antiseptiques ou des matières grasses en trop grande quantité, ce qui interdit l'épuration par les procédés biologiques ou l'irrigation terrienne.

Au début de toute enquête pour l'épuration des eaux d'égout il est donc indispensable de connaître la composition de ces eaux et leur degré de pollution.

Lorsque le procédé d'épuration a été adopté, il est nécessaire de surveiller avec attention les résultats obtenus et s'assurer, le plus souvent possible, si le travail est effectif. Les caractères physiques, limpidité, odeur, sont des caractères variables suivant les individus, ne permettant pas toujours la comparaison. Au contraire, les analyses chimiques donnent des nombres qui peuvent être comparés aux résultats écrits. De plus, les analyses décèlent la présence d'impuretés invisibles qui peuvent cependant donner lieu à de la putréfaction, et on peut ainsi se rendre compte des modifications qui pourront se produire dans l'effluent.

Un examen isolé peut être favorable ou défavorable, il ne permet pas de porter un jugement certain de l'épuration obtenue ; il est donc nécessaire de faire des analyses régulières qui permettent seules de suivre la marche de l'opération et de remédier en temps utile aux imperfections qu'elles signaleront.

Il est aussi souvent intéressant de rechercher si un effluent, tel qu'on l'a obtenu par le dispositif employé pour l'épuration, peut être rejeté dans un cours d'eau sans y créer de nuisance. Suivant certaines circonstances locales on pourra se contenter d'une épuration partielle, tandis que pour d'autres cette épuration devra être aussi complète que possible.

Ceci nous amène à l'étude de la pollution produite par le déversement d'eaux d'égout ou d'eaux résiduaires industrielles dans les rivières. Ces recherches sont souvent demandées par les autorités et nous en avons effectué déjà un certain nombre.

Nous remercions notre collaborateur et ami F. Constant, pour l'aide intelligente qu'il nous a apportée dans l'étude des méthodes de dosage et dont le talent de dessinateur nous a permis d'illustrer cet ouvrage de figures originales.

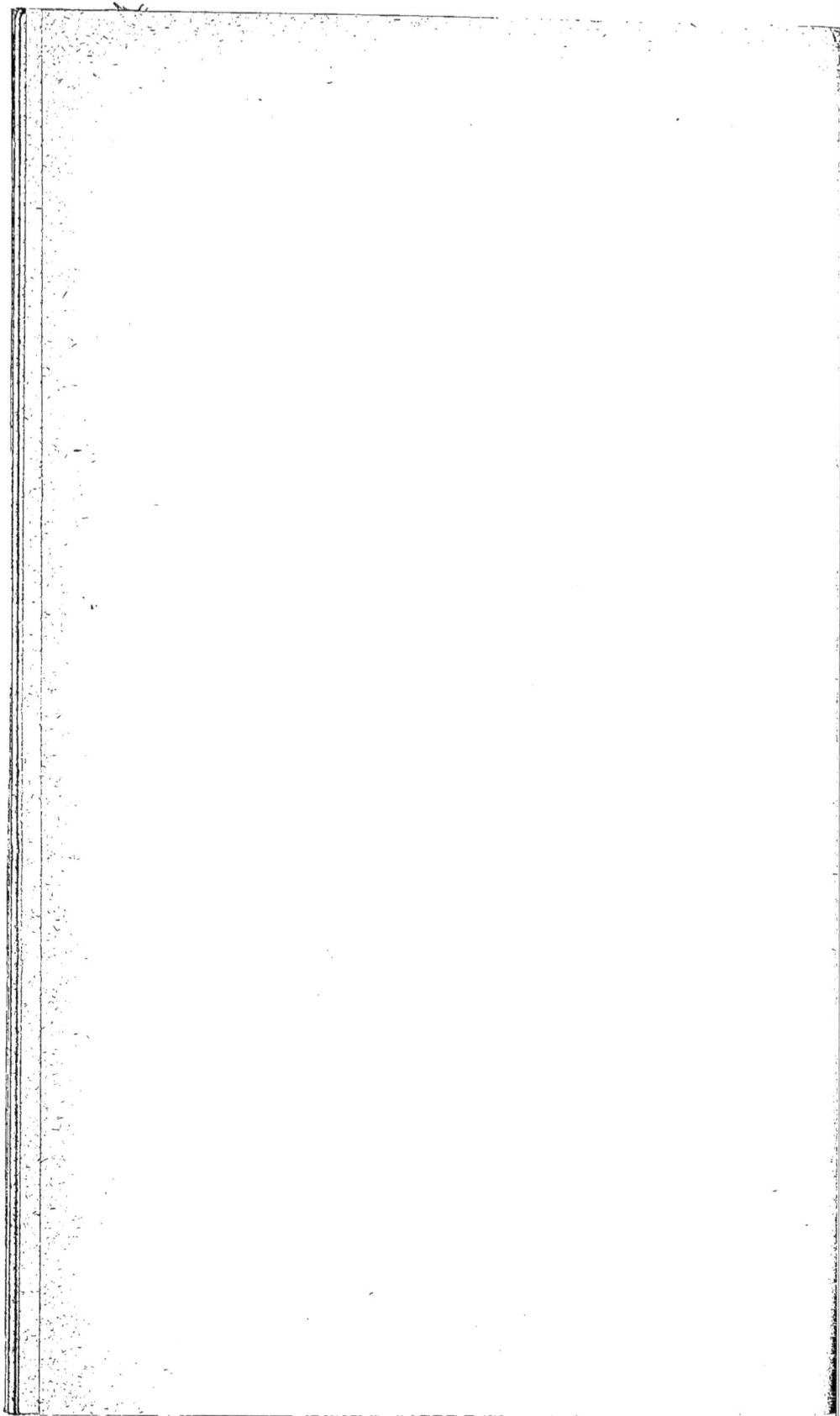

ANALYSE
DES EAUX D'ÉGOUT

CHAPITRE PREMIER

I. — COMPOSITION DES EAUX D'ÉGOUT

Les égouts d'une agglomération reçoivent des eaux qui varient en quantité comme en qualité dans de grandes proportions. Elles se composent en effet :

1° Des excreta (matières fécales et urines) des hommes et des animaux en quantité très faible lorsqu'ils sont recueillis dans des fosses fixes ou mobiles, — mais néanmoins une partie au moins des urines va à l'égout ;

2° Des eaux ménagères, eaux de lavage des aliments et des ustensiles de ménage, de lessivage du linge, de nettoyage de l'habitation ;

3° Des eaux de pluie, de neige et d'orages (dans certains systèmes séparatifs d'égouts ces eaux en sont éliminées en partie ou en totalité) ;

4° Des eaux de lavage des rues entraînant des détritus, du gravier, du sable, de la terre, etc. ;

5° Des eaux résiduaires industrielles.

Le mélange de toutes ces eaux en proportions extrêmement variables constitue les eaux d'égout. Les matières qu'elles entraînent en dissolution ou en suspension sont ou minérales ou organiques.

Les substances *minérales* sont en relation directe avec la composition des eaux potables consommées dans l'agglomération pour celles dissoutes, et avec la composition du sol pour les matières en suspension. Il faut y ajouter les composés métalliques provenant de l'industrie (fer principalement).

Les substances *organiques* peuvent être divisées en deux grandes classes :

a) Les composés *ternaires*, ne contenant que du carbone, de l'hydrogène et de l'oxygène, comprennent des corps solides, colloïdaux ou solubles ; ce sont les celluloses (papier, débris de végétaux), l'amidon, les dextrines et les sucres, les alcools et leurs dérivés aldéhydes et acides organiques, et les graisses avec les savons.

b) Les composés *quaternaires* contiennent du carbone, de l'oxygène, de l'hydrogène et de l'azote souvent en combinaisons avec des corps minéraux tels que le soufre, le phosphore, l'arsenic, le fer, le manganèse et les métaux alcalins ou alcalino-terreux. Ils se trouvent surtout en grande quantité dans les produits d'origine animale, et en quantité moindre dans les végétaux ; ce sont les albumines, caséines, gluten et tous leurs produits de désintégration aboutissant, par une échelle de composés de plus en plus simples, à l'ammoniaque.

On peut dire que tous les composés organiques des déchets de la vie, soit animale, soit végétale, peuvent être décomposés, plus ou moins rapidement, suivant leur complexité et leur état physique, en leurs éléments qui font ainsi retour à la nature pour rentrer à nouveau dans le cycle de rotation de la matière. Cette décomposition est normalement l'œuvre des infiniment petits, des microbes et des moisissures. Aussi s'accomplit-elle aussitôt l'évacuation dans l'égout, et trouve-t-on, dans les eaux qui en sortent, toute la série des composés allant du plus complexe au plus simple.

L'eau d'égout contient donc en solution comme en suspension une foule de composés qu'il est pratiquement impossible de déterminer d'une façon même approchée, d'autant plus que la plupart s'y trouvent en quantité trop faible pour qu'ils puissent y être décelés par les méthodes en usage. Du reste, l'analyse complète fût-elle possible, qu'elle serait illusoire, car les variations de la composition de l'eau sont si grandes dans l'espace d'une journée, que le travail accompli permettrait de juger seulement l'eau qui s'est écoulée à un moment déterminé et ne donnerait que de vagues indications sur les eaux

TABLEAU I. — **Eaux d'égout de la Madeleine-lez-Lille.**

Analyses du 25 juin 1904.

Résultats en milligrammes par litre.

HEURE DE LA PRISE D'ÉCHANTILLON	ASPECT	ODEUR	LIMPIDITÉ	ALCALINITÉ EN CARBONATE DE CHAUX	ACIDITÉ EN ACIDE SULFURIQUE	MATIÈRES EN SUSPENSION ORGANIQUES	MATIÈRES EN SUSPENSION MINÉRALES	MATIÈRES EN SOLUTION ORGANIQUES	MATIÈRES EN SOLUTION MINÉRALES	OXYDABILITÉ DOSAGE AU PERMANGANATE EN OXYGÈNE — EN SOLUTION ACIDE	OXYDABILITÉ DOSAGE AU PERMANGANATE EN OXYGÈNE — EN SOLUTION ALCALINE	CARBONE ORGANIQUE SOLUBLE EN CO^4	AMMONIAQUE $Az H^3$ LIBRE OU SALINE	AMMONIAQUE $Az H^3$ ORGANIQUE	NITRATES EN Az^2O^5	NITRITES EN Az^2O^3	CHLORURES EN Cl	DEGRÉ HYDROTIMÉTRIQUE TOTAL	DEGRÉ HYDROTIMÉTRIQUE PERMANENT
6 h. matin.	Coloration jaune verdâtre.	Très putride.	Opalescente	520	»	272	152	620	1557	95	63	220	19	19	10	tr.	511	90	15
8 h. —	Même coloration plus forte.	id.	Très opalescente	100	»	287	511	120	1267	100	95	156	21	16	12	tr.	586	21	17
10 h. —	Coloration faible.	Vaseuse.	Peu opalescente	180	»	traces	id.	702	670	44,8	58,8	110	8,5	8,5	10	tr.	154	27	18
12 h. —	Id.	Id.	Très peu	115	500	id.	id.	255	597	25,2	19,6	88	3,2	4,0	5	tr.	119	25	15
2 h. soir.	Id.	Id.	Id.	»	»	id.	id.	545	910	12,0	14,0	76	2,7	7,7	0	tr.	520	96	84
4 h. —	Coloration jaune verdâtre.	Putride.	Très opalescente	100	»	id.	id.	415	855	51,0	15,0	170	6,4	5,6	0	tr.	240	72	24
6 h. —	Coloration faible.	Vaseuse.	Opalescente	95	»	id.	id.	560	880	48,0	51,0	152	5,6	4,9	tr.	tr.	220	72	28
8 h. —	Id.	Id.	Id.	55	»	id.	id.	255	1470	76,0	50,0	142	4,0	1,6	tr.	tr.	410	88	90

TABLEAU II. — **Composition moyenne des eaux d'égout de différentes villes,** d'après IMBEAUX.

(Résultats en milligrammes par litre.)

NOMS DES VILLES	MATIÈRES EN SUSPENSION			MATIÈRES DISSOUTES												AZOTE TOTAL
	MINÉRALES	ORGANIQUES	AZOTE CONTENU DANS LES MATIÈRES ORGAN.	TOTALES	MATIÈRES ORGANIQUES PERTE AU ROUGE	AZOTE ORGANIQUE	AZOTE AMMONIACAL	ACIDE PHOSPHORIQUE	POTASSE	CHAUX	MAGNÉSIE	ACIDE SULFURIQUE	CHLORE	ACIDE NITRIQUE	

I. — Villes pratiquant le « Tout à l'égout ».

NOMS DES VILLES	MINÉRALES	ORGANIQUES	AZOTE susp.	TOTALES	MAT. ORG.	AZOTE ORG.	AMMON.	PHOSPH.	POTASSE	CHAUX	MAGNÉSIE	SULF.	CHLORE	NITRIQUE	AZOTE TOTAL
16 villes anglaises (moyenne de 50 analyses)	241,8	250,1	»	720,0	»	21,1	53,2	40,0	89,0	»	56,0	»	106,0	0,05	77,5(¹)
Paris. Collecteur de Saint-Denis	221,0	»	»	»	1518,0	140,0	»	»	»	484,0	56,0	24,0	100,0	»	140,0
— de Clichy	632,0	»	»	»	755,0	45,9	»	17,0	55,0	405,0	18,0	»	70,0	»	»
Dantzig	296,0	556,0	»	685,0	161,0	11,6	55,2	31,6	44,0	111,0	14,0	72,6	264,6	»	64,8(¹)
Berlin (moyenne de 30 analyses)	382,6	701,9	»	1088,2	515,2	108,8	»	72,9	72,9	107,5	91,8	77,0	182,8	»	108,8
Breslau (72 —)	204,7	200,0	58,1	772,2	242,7	18,0	73,8	19,6	60,4	81,8	21,2	»	77,0	»	91,8
Halle (5 —)	188,8	405,2	45,0	2791,4	589,7	59,1	89,1	»	180,7	252,1	»	526,8	715,0	»	189,0
Francfort-sur-Mein	387,0	806,0	»	898,0	517,0	11,0	65,0	45,4	»	77,0	»	71,0	50,0	»	119,0
Moyenne (Paris excepté)	271,2	445,7	41,6	1161,5	561,7	24,4	66,9	25,6	89,5	121,7	18,7	114,5	252,5	»	107,4

II. — Villes ne recevant pas les matières fécales dans les égouts.

NOMS DES VILLES	MINÉRALES	ORGANIQUES	AZOTE susp.	TOTALES	MAT. ORG.	AZOTE ORG.	AMMON.	PHOSPH.	POTASSE	CHAUX	MAGNÉSIE	SULF.	CHLORE	NITRIQUE	AZOTE TOTAL
16 villes anglaises (moyenne de 50 analyses)	178,1	215,0	»	824,0	»	19,7	44,8	»	»	»	»	»	115,4	»	64,5(¹)
Zurich (moyenne de 4 analyses)	56,1	91,5	14,5	490,0	182,2	18,5	8,8	8,5	80,2	»	»	»	22,7	»	151,5
Munich, efflux du jour	19,0	51,0	»	581,0	100,0	»	»	»	»	»	»	»	»	»	»
— efflux de la nuit	81,0	77,0	»	512,0	219,0	»	»	»	»	»	»	»	»	»	»
Breslau	210,8	»	18,1	725,2	555,8	2,6	24,7	15,2	19,7	127,5	27,0	90,5	78,7	»	40,5(¹)
Dortmund (moy. de 7 analyses)	185,5	214,5	24,1	965,9	985,8	26,2	27,2	25,1	81,2	147,2	»	»	134,6	»	75,5
Ortensen	218,8	442,0	19,5	1817,2	567,2	20,7	17,6	15,1	65,0	76,8	»	»	628,1	»	92,4
Essen	105,2	215,4	31,5	845,2	929,6	12,2	58,1	42,2	20,4	122,5	52,1	89,2	234,0	»	69,6
Brunswick	447,5	655,0	25,9	837,5	590,0	»	92,5	27,6	176,0	275,2	»	554,8	215,1	»	147,0
Halle (moyenne de 5 analyses)	402,0	425,4	25,9	1655,0	521,0	21,5	67,8	»	»	»	»	»	209,1	»	112,9
Moyenne (Munich, Zurich et Ortensen exceptés)	265,7	545,8	28,9	975,0	515,4	16,4	40,5	24,0	80,0	150,5	27,7	89,9	164,1	»	84,6

(¹) Non compris l'azote des matières en suspension.

écoulées à un autre moment de la journée ou d'un autre jour.

Ces variations, déjà très importantes pour les eaux d'une ville non industrielle, sont considérables lorsque ces eaux contiennent les résidus des industries.

Ainsi le tableau 1 donne les résultats des analyses d'échantillons prélevés à La Madeleine-lez-Lille toutes les deux heures, de 6 heures du matin à 8 heures du soir.

On voit d'abord que 7 échantillons étaient alcalins, un autre franchement acide. Les matières organiques (perte au rouge) varient de 235 à 620 milligrammes par litre, l'oxydabilité de 12 à 100 milligrammes, le carbone organique soluble de 76 à 220 milligrammes, l'ammoniaque libre de 2,7 à 24 milligrammes, l'azote organique de 1,6 à 19 milligrammes, les chlorures de 119 à 514 milligrammes, etc.

Les mêmes variations se rencontrent si on analyse les échantillons moyens prélevés chaque jour.

Il ne sera pas étonnant de trouver des nombres bien différents pour les résultats d'analyses d'eaux de diverses provenances. C'est ce qu'on remarque dans les tableaux suivants donnant la composition moyenne d'eaux d'égout d'Europe d'après *Imbeaux*, de la Madeleine-lez-Lille et de deux villes américaines *Boston* et *Columbus*.

TABLEAU III. — *Eaux d'égout ne recevant pas les matières fécales* (système unitaire), *La Madeleine-lez-Lille.*

(Résultats en milligrammes par litre.)

	Mai 1905.	Mai 1906.	Mai 1907.
Matières en suspension organiques .	566	151	120
— minérales.	665	191	119
Matières en solution organiques. . .	464	»	»
— minérales . . .	747	»	»
Oxygène absorbé en 4 heures. . . .	24,4	25,6	31
Matières organiques (dosage au permanganate ou oxygène) :			
En milieu acide.	64,5	55,0	102,3
En milieu alcalin . . . . ; .	42,0	59,2	78,5
Carbone organique (dissous	109	44,5	77,2
en C : (en suspension	»	76,2	27,0
Azote ammoniacal en Az.	7,8	8,5	12,9
— organique dissous.	7,8	5,3	7,5
— — en suspension . . .	»	5,4	4,5
Nitrates en Az² Ö⁵	1,8	traces	traces
Chlorures en Cl	256	»	184

TABLEAU IV. — *Composition d'une eau d'égout,*
d'après PHELPS (*Boston*).

(Résultats en milligrammes par litre.)

	Total.	Dissous.	En suspension.
Azote total.	55,6	40,6	15,0
— organique.	30,0	15,0	15,0
— ammoniacal.	25,0	»	»
— des nitrites	0,1	»	»
— des nitrates	0,5	»	»
Carbone total	280,0	120,0	160,0
— par le permanganate	14,0	8,0	6,0
Chlore (des chlorures)	60,0	»	»
Oxygène dissous.	10,0	»	»
Acides gras totaux	61,0	30,0	31,0
— saponifiables.	35,0	30,0	5,0
— insaponifiables	26,0	»	26,0
Soufre.	7,0	»	»
Phosphore.	1,0	»	»
Fer	12,0	»	.
Alcalinité	212,0	»	»
Turbidité totale	520,0	»	»
— après repos	260,0	»	»
— des matières en suspension.	60,0	»	»

Rapport carbone-azote.	5,4
— chlore-azote.	1,1
— azote-ammoniacal et azote organique	0,85
— carbone par le permanganate et carbone total.	0,05

TABLEAU V. — *Composition des eaux d'égout de Columbus*
(*Ohio, États-Unis*). MOYENNE ANNUELLE, 1904-1905.

(Résultats en milligrammes par litre.)

	Total.	Dissous.	En suspension.
Oxygène consommé.	51,0	26,0	25,0
Azote organique.	9,0	5,3	5,7
— ammoniacal.	»	11,0	»
— des nitrites	»	0,09	»
— des nitrates.	»	0,2	»
Chlore (des chlorures).	»	65,0	»
Résidu sec.	996,0	787,0	209,0
Perte au rouge	185,0	106,0	79,0
Résidu fixe.	811,0	681,0	130,0
Matières grasses.	25,0	»	»

Nombre de bactéries par centimètre cube. . . 5 600 000

II. — COMPOSITION DES EAUX RÉSIDUAIRES INDUSTRIELLES

Un certain nombre d'industries ont été placées dans les différentes classes d'établissements insalubres ou incommodes par suite des nuisances que peut causer le rejet de leurs eaux résiduaires dans les cours d'eaux. Nous ne pouvons pour la plupart de ces eaux donner une composition qui ne peut le plus souvent être moyenne, mais il est important d'en connaître les caractères principaux.

Abattoirs, tueries, équarrissage, triperies. — Excreta animaux, débris d'aliments, de viande, sang, éventuellement microbes pathogènes.

Acétylène (fabrication). — Hydrate de chaux, cyanures.

Acides minéraux (fabrication). — Eaux acidulées, sels métalliques.

Acide pyroligneux (fabrication). — Crésol, goudrons, chlorure de calcium.

Amidonnerie. — Matières organiques, débris de grains, gluten soluble, amidon, bisulfites.

Asphalte (fabrication). — Ammoniaque, phénols, crésols, etc.

Blanchiment. — Chlorures de chaux, de calcium, acides ou alcalis libres, acides gras.

Brasserie. — Matières organiques, débris de grains, acides organiques (lactique, acétique, butyrique), levures et bactéries.

Buanderies. — Savons, matières organiques, chlorures et carbonates alcalins.

Carbures métalliques (fabrication). — Résidus évacués dans les cours d'eaux qui fournissent la force motrice, donnant au contact de l'eau de l'acétylène, des cyanures, phosphures, sulfures, chaux libre.

Chlorure de chaux (fabrication). — Chlorures de manganèse, fer, calcium, magnésium, aluminium, quelquefois de nickel et de cobalt, acide chlorhydrique, chlore, arsenic.

Colle gélatine (fabrication). — Matières organiques très putrescibles.

Cuivre (laminoirs, tréfileries, etc.). — Acides libres, sulfate de cuivre, chlorure de calcium.

Distilleries d'alcool. — Eaux terreuses, matières organiques, vinasses (résidu de distillation).

Féculerie. — Matières organiques très putrescibles, débris de pulpe.

Galvanisation. — Acides libres, sels de calcium, magnésium, fer, zinc, quelquefois cyanure de potassium.

Glucoserie. — Matières organiques, noir animal.

Graisses et suifs, huiles animales (extraction). — Matières organiques très putrescibles.

Huiles végétales (extraction, épuration). — Matières organiques.

Laiterie, fromagerie. — Petit-lait dilué, lactose, caséine, matières grasses, carbonates alcalins.

Malterie. — Matières organiques, poussières, débris de grains.

Matières colorantes (fabrication). — *Minérales.* — Sels de fer, manganèse, cuivre, zinc, plomb, chrome, cobalt, nickel, arsenic, mercure, acides libres ou alcalis, gaz toxiques. — *Aniline.* — Acides libres, acide sulfureux, phénols, naphtols et homologues, composés nitrés, acides sulfoniques.

Métallurgie. — Acides minéraux libres, sels métalliques, boues avec oxydes métalliques.

Mines de houille, anthracite, lignite. — Chlorure de sodium (quelquefois 4 à 6 pour 100) et autres chlorures, sulfate ferrique, acide sulfurique, poussières de charbon, boues argileuses.

Mines de pyrites. — Acide sulfurique libre, sulfates de fer, zinc, chaux, magnésie, chlorures alcalins.

Nitrocellulose dynamite (fabrication). — Acides sulfurique et azotique, chaux.

Papeteries. — Lessives alcalines, chaux, alumine, couleurs minérales, sulfites et acide sulfureux libre, chlorure de chaux, cellulose, débris de chiffons, matières organiques, résines.

Paraffine (fabrication). — Huiles minérales, acides, alcalis.

Peignage de laines. — Matières organiques, matières grasses, savons, carbonates alcalins.

Poudrettes et autres engrais, préparés au moyen des matières animales, matières organiques putrides.

Rouissage du lin et du chanvre. — *Par séjour dans l'eau.* — Matières organiques en putréfaction, acides organiques, acétique, propionique, butyrique. — *Par l'action des acides.* — Eaux acides ou corrompues très fermentescibles.

Salines. — Chlorure de sodium et autres chlorures, sulfate de chaux et de magnésie.

Savonnerie. — Matières grasses, savons, lessives alcalines, chlorure de sodium, glycérine.

Soie (travail des cocons). — Matières organiques putrescibles.

Soude (fabrication). — *Procédé Leblanc.* — Sulfures de calcium et de sodium, sulfite de chaux, sulfure de fer, chaux vive, arsenic, dans les boues soufre libre. — *Procédé à l'ammoniaque.* — Chlorure de sodium en grande quantité, chlorure de calcium, sulfate et carbonate de chaux.

Sodium (préparation par courant électrique). — Cyanures, soude, ammoniaque.

Sucreries. — Eaux bourbeuses, matières organiques très fermentescibles.

Superphosphates (fabrication). — Chlorure de calcium, acides minéraux libres.

Tabac (traitement). — Nicotine, chaux, sels organiques, matières colorantes et odorantes.

Tanneries. — Matières organiques excrémentitielles, chaux, jus tannants épuisés, sels de chrome, d'arsenic, etc., chlorure de sodium, sulfures, quelquefois bacille charbonneux.

Teintureries. — Matières colorantes quelquefois toxiques, et produits minéraux ou organiques précipités dans les boues.

Usines à gaz. — Ammoniaque et ses sels, cyanures, sulfures, sulfites, hyposulfites, sulfocyanates, chaux, phénols, goudrons.

CHAPITRE II

JAUGEAGE DES ÉGOUTS, CANAUX ET COURS D'EAU.

Égouts. — La mesure du débit d'un égout est de la plus haute importance, d'abord pour pouvoir établir un projet d'épuration des eaux en tenant compte des volumes et des variations de ces volumes suivant toutes les circonstances, et ensuite pour étudier l'influence de ces variations sur le travail effectif obtenu par l'épuration. Cette mesure n'est pas toujours aisée et il peut se présenter de nombreux cas particuliers qui nécessiteront le secours de l'ingénieur; nous pouvons cependant donner quelques formules et tables pour les cas les plus simples, en renvoyant pour les détails aux ouvrages techniques [1].

Dans les calculs d'hydraulique, les unités généralement adoptées sont : le mètre pour les longueurs et les charges, la seconde pour le temps, le mètre cube pour le débit, et le mètre par seconde pour la vitesse.

A la sortie de l'égout on peut établir un déversoir ou un orifice ou encore un orifice noyé.

Déversoirs en mince paroi. — Les déversoirs sont ordinairement rectangulaires (fig. 1), la crête supérieure horizontale s'appelle le *seuil*, les côtés latéraux sont les *joues*. Lorsque le seuil a de très petites dimensions (quelques millimètres) dans le sens du courant, on dit que le déversoir est en mince paroi. On réalise ce déversoir en constituant le seuil par des planches de bois dont les bords sont taillés en biseau, ou mieux par une feuille de tôle.

---

[1] *Formules, tables et renseignements utiles*, par G. DARIÉS, Paris, Dunod et Pinat, 1907, 11ᵉ édition. — *Distribution d'eau*, par DEBAUVE et IMBEAUX, t. I, chap. II, Paris, Dunod, 1905.

Le débit par seconde d'un déversoir rectangulaire en mince
paroi est déterminé par la formule :

$$Q = m\,l\,h\sqrt{2gh}$$

dans laquelle m est le coefficient de contraction dont la
valeur est variable en fonction de la hauteur de l'eau mais
qu'on admet généralement égal à 0,40([1]), l la longueur du

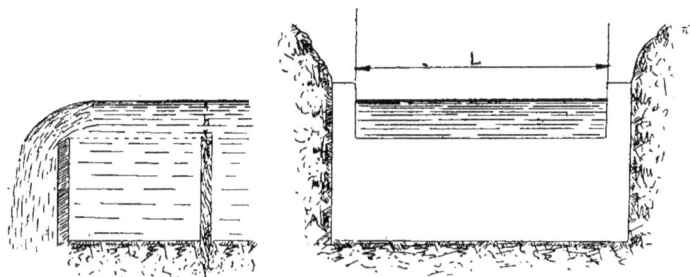

Fig. 1. — Déversoir rectangulaire en mince paroi.

déversoir comptée normalement à l'axe du canal, h la hauteur
de l'eau au-dessus du niveau du seuil observée à 3 mètres en
amont de celui-ci, et g l'accélération de la pesanteur (9, 81 à
Paris).

En effectuant le produit $m\sqrt{2g}$ la formule devient

$$Q = 1{,}772\,l h\sqrt{h}$$

Le tableau VI donne le débit d'un déversoir de 1 mètre de
longueur d'après la hauteur d'eau.

En Angleterre on recommande beaucoup l'emploi de déversoirs en mince paroi ayant la forme d'un triangle isocèle rectangle (fig. 2) dont l'hypoténuse est formée par la surface de
l'eau. Dans ce cas, l'hypoténuse étant égale à deux fois la
hauteur, la formule n'ayant plus qu'une seule variable est

$$Q = \frac{8}{15}\,m\,h^2\sqrt{2gh}$$

([1]) Les expériences de Bazin ont montré que l'on peut adopter pour
valeur de ce coefficient m de 0,42 à 0,47 pour les veines qui ne sont pas
noyées par-dessous, lorsque la charge varie de 0m,10 à 0m,50, mais la pratique a maintenu la valeur 0,40 suffisamment approchée.

TABLEAU VI.

**Débit d'un déversoir rectangulaire en mince paroi
de 1 mètre de longueur d'après la hauteur d'eau.**

HAUTEUR EN CENTIMÈTRES	DÉBIT EN LITRES	HAUTEUR EN CENTIMÈTRES	DÉBIT EN LITRES	HAUTEUR EN CENTIMÈTRES	DÉBIT EN LITRES
1	1,8	18	135	35	366
2	5	19	146	36	382
3	9,2	20	158	37	398
4	14,3	21	170	38	415
5	20	22	183	39	431
6	26	23	195	40	447
7	32	24	208	41	465
8	40	25	221	42	481
9	48	26	235	43	499
10	56	27	248	44	517
11	65	28	262	45	534
12	74	29	276	46	552
13	85	30	291	47	570
14	95	31	306	48	589
15	105	32	320	49	607
16	117	33	335	50	626
17	124	34	351		

dans laquelle le coefficient m a la valeur admise de 0,59. En

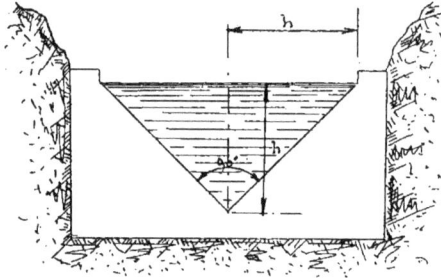

Fig. 2. — Déversoir triangulaire isocèle rectangle, en mince paroi.

effectuant le produit $\frac{8}{15} m \sqrt{2g}$, la formule devient

$$Q = 1,394 h^2 \sqrt{h}$$

Orifices en mince paroi. — Ce sont des orifices à périmètre

fermé, formant des tuyaux de longueur sensiblement nulle.
L'aire de l'orifice peut être rectangulaire ou circulaire, inva-

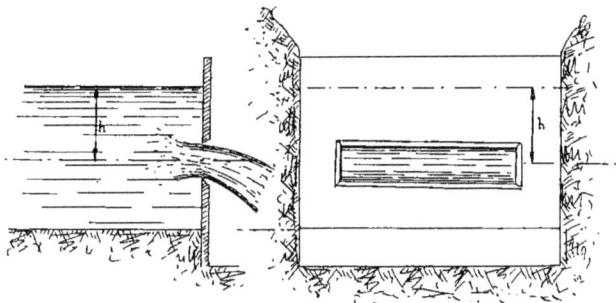

Fig. 5. — Orifice libre en mince paroi.

riable ou variable (vanne). Lorsque le niveau de l'eau en aval
est inférieur à l'orifice (fig. 3), la formule générale de débit est

$$Q = m\,\omega\sqrt{2gh}$$

dans laquelle le coefficient m, variant suivant la charge, a pour
valeur approchée 0,62 [1], ω est l'aire de l'orifice, et h la hau-

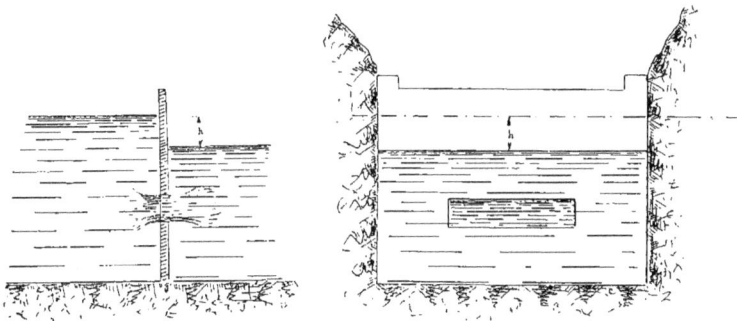

Fig. 4. — Orifice noyé en mince paroi.

teur de charge prise du centre de l'orifice à la surface de
l'eau en amont.

Dans le cas d'un *orifice noyé* (fig. 4), c'est-à-dire lorsque le
niveau de l'eau en aval est supérieur à l'orifice, la formule est

[1] Les différentes valeurs de m sont données par les tables.

la même. La valeur approchée de m est aussi 0,62, mais h est la différence des hauteurs d'eau en amont et en aval de l'orifice.

Canaux. Rivières. — L'évaluation du débit d'un canal ou d'une rivière peut être obtenue par la construction d'un déversoir en mince paroi, et les formules données plus haut sont applicables. Cependant, lorsque le débit est trop considérable, on le calcule d'après la vitesse d'écoulement de l'eau, mais, dans ce cas, il y a lieu de connaître le profil du canal, les variations de largeur, etc., tous renseignements qui sont connus soit du service de la navigation, soit du service des eaux et forêts. Il y a lieu alors de recourir à la compétence des ingénieurs et agents de ces services.

Appareils enregistreurs. — Les variations de débit des égouts étant souvent très importantes et subites, il est difficile de prendre à tout instant la hauteur de l'eau dans la conduite terminée par un déversoir ou un orifice; aussi a-t-on imaginé un certain nombre d'appareils enregistreurs de niveau, basés soit sur le principe de la pression de l'eau transmise par l'air, soit sur celui du flotteur.

L'*hydromètre Richard* [1] comprend deux appareils (fig. 5). Une caisse en fonte, percée de trous, contenant un récipient en caoutchouc en forme de lanterne vénitienne, à moitié rempli d'air, qu'on immerge dans l'eau. Cette caisse est réunie par un tube de cuivre à un manomètre enregistreur. La pression de l'air et, par suite, la hauteur de l'eau est enregistrée par le manomètre; comme il n'y a pas contact de l'eau avec l'air, celui-ci ne peut se dissoudre, et les indications sont toujours régulières et comparables à elles-mêmes. L'appareil étant clos, l'air reste sec et il ne peut se produire de condensation dans le tube. Le récipient de caoutchouc, ne servant que comme cloison étanche, ne peut se détériorer, la pression étant toujours équilibrée à l'extérieur et à l'intérieur. Cet appareil est simple, est facile à installer, et le manomètre peut être placé à une certaine distance de la caisse (100 mètres).

[1] Jules Richard, constructeur, 10, rue Halévy, Paris, IXe.

Il faut cependant recommander, dans le cas des eaux d'égout, de nettoyer assez souvent la caisse dans laquelle peuvent se déposer des boues qui finiraient par nuire au bon fonctionnement de l'appareil.

L'hydromètre pneumatique Vaudrey est construit sur le même principe.

La maison *Clenfield* et *Kennedy* de *Kilmarnock* (Angleterre)[1] construit un enregistreur portatif de niveau. La figure 6 en montre la simplicité d'installation et de fonctionnement. Il se compose

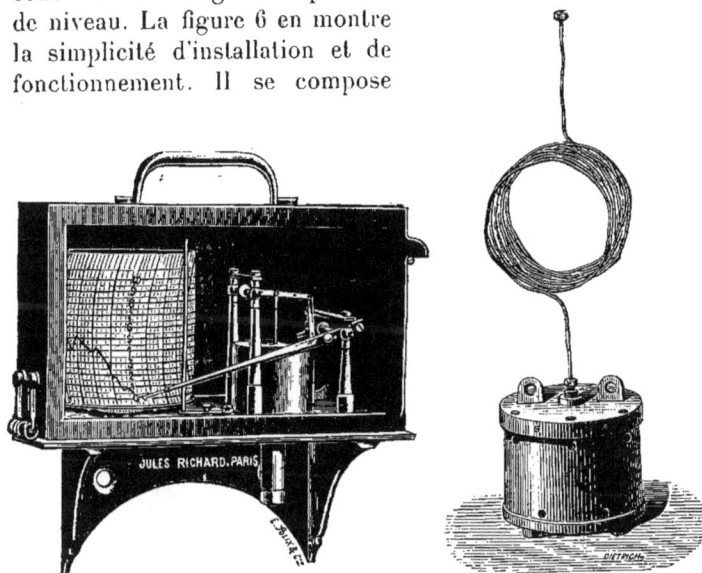

Fig. 5. — Hydromètre Richard.

d'un flotteur, placé en amont du déversoir, dont les variations sont enregistrées sur un tambour muni d'un système d'horlogerie. La même maison construit un autre appareil pour les grands débits; la disposition en est indiquée par la figure 7. Le flotteur se meut dans un puits en communication avec le canal en amont du déversoir.

Les indications données par les enregistreurs de niveau

[1] Les renseignements sur les appareils Clenfield et Kennedy et sur l'appareil LEA nous ont été fournis obligeamment par M. VISTE, agent général, 8, rue Léon-Gambetta, à Lille.

peuvent être obtenues à distance par commande électrique; les maisons citées construisent des appareils dans ce but.

Nous avons vu plus haut comment, connaissant la hauteur

Fig. 6. — Appareil Clenfield et Kennedy portatif à flotteur.

d'eau au-dessus du déversoir prise dans les conditions indiquées, on pouvait calculer le volume de l'eau, mais ces calculs, même en faisant usage des tables, sont longs, aussi a-t-on imaginé un certain nombre d'appareils permettant, par des dispositifs variés, d'obtenir l'enregistrement des volumes d'eau écoulés. La description de ces appareils sortirait du cadre que nous nous sommes assigné dans cet ouvrage. Nous nous contenterons de citer le compteur d'eau intégrateur enregistreur de *Richard*, l'appareil enregistreur et totalisateur des

Fig. 7. — Dispositif Clenfield et Kennedy d'enregistrement de niveau.

débits des canaux de *Parenty*[1], l'enregistreur de décharge de *Hutchinson* construit par la maison *Clenfield* et *Kennedy* et l'enregistreur d'eau de *Lea*.

---

[1] Voir description dans *Recherches sur l'épuration biologique des eaux d'égout*, par A. CALMETTE, 2ᵉ volume, page 285.

CHAPITRE III

PRÉLÈVEMENT DES ÉCHANTILLONS

Pour des eaux de composition aussi variable que celles qui s'écoulent d'un égout, il n'existe aucune méthode de prélèvement d'échantillons qui soit absolument à l'abri de toute critique.

La méthode la plus rationnelle est celle qui consiste à dériver une partie aliquote du sewage, partie dont l'importance puisse varier avec la quantité d'eau totale qui s'écoule. On peut pratiquement réaliser cela dans une petite station expérimentale comme celle de La Madeleine. Les eaux y arrivent dans les fosses à sable, d'où elles s'échappent par déversoirs; deux déversoirs de $1^m,98$ conduisent les eaux dans les fosses septiques, par un petit déversoir de $0^m,04$ où dérive 1/100 de l'efflux total dans un bassin. Après 24 heures, on brasse énergiquement les eaux pour remettre en suspension les matières qui se sont déposées, et on prélève les échantillons pour l'analyse. On note la hauteur de l'eau dans le bassin, ce qui permet de calculer le volume total des eaux en 24 heures. On vide ensuite rapidement le bassin, puis on reçoit de nouveau les eaux de la journée, et ainsi de suite. On peut reprocher à cette méthode de ne pas admettre dans le bassin d'échantillonnage les sables et matières lourdes qui se déposent avant que les eaux puissent franchir le petit déversoir, mais cela est de peu d'importance, vu que ces matières sont extraites des fosses à sable et que l'eau qui est réellement traitée dans l'installation, ne l'est qu'après son introduction dans les fosses septiques. On peut aussi objecter que les eaux restent pendant des temps variables, jusque 24 heures, dans le bassin et par suite peuvent y changer de composition; cependant, si ce n'est par les temps chauds, ces changements sont négligeables.

Cette méthode, facilement réalisable dans une petite installation, ne peut être pratiquement employée pour de forts débits d'eau, comme lorsqu'il s'agit de traiter toutes les eaux d'égout d'une grande ville. On doit alors se résoudre à prélever des échantillons, toutes les demi-heures ou toutes les heures à l'émissaire dans lequel on aura installé un appareil permettant l'enregistrement des débits d'eaux. Ces échantillons seront gardés à la glacière et, après 24 heures, mélangés en quantité proportionnelle au volume de l'eau qui s'écoulait au moment du prélèvement. Cette dernière méthode donne des résultats suffisamment approchés dans la pratique, mais elle assujettit à un service continuel quelquefois assez difficile à obtenir.

Il est possible dans certains cas, après une enquête d'assez longue durée, de se rendre compte des heures pendant lesquelles coulent des eaux de composition moyenne. Quelques échantillons prélevés pendant ces heures permettront un service simplifié. Cependant, cette manière d'opérer n'est applicable que dans les villes où l'industrie est peu importante; car, dans les villes industrielles, les eaux résiduaires des diverses industries s'écoulent le plus souvent par intermittence et parfois en volumes très importants.

Une autre difficulté dans une installation d'épuration d'eaux d'égout est de prélever de la façon la plus rigoureuse possible des échantillons d'eau épurée correspondant à ceux de l'eau brute. Il faut pour cela se rendre compte de la durée de séjour des eaux dans l'installation, ce qui est assez difficile. On a bien pour cela un dosage rapide, celui du chlore des chlorures, qui passent inchangés à travers tous les traitements, mais, par suite des mélanges qui se produisent dans les bassins comme les fosses septiques, cette détermination n'apporte pas tout le secours qu'on pourrait en attendre. Aussi croyons-nous que seules les moyennes d'un certain nombre d'analyses opérées sur les échantillons de 24 heures doivent être considérées.

Pour recueillir les échantillons d'*effluents de fosses septiques* ou de *bassins de traitement chimique*, on peut employer l'une des deux méthodes indiquées plus haut.

Pour l'étude de l'*épuration biologique par lits bactériens de contact*, il suffit de prendre un échantillon toutes les dix minutes pendant l'heure de remplissage ou de vidange du lit, et de mélanger les divers échantillons pour obtenir une eau de composition moyenne. Les échantillons de l'effluent de *lits bactériens à percolation* seront prélevés par l'une des deux méthodes indiquées pour les prélèvements d'eaux d'égout.

La *recherche de la pollution d'un cours d'eau*, par le déversement d'eaux d'égout ou d'eaux résiduaires industrielles, peut rarement être effectuée sur un seul échantillon de l'eau polluée. Il est indispensable, surtout, ce qui arrive le plus fréquemment, lorsque les causes de pollution ne peuvent être déterminées par des caractéristiques certaines, de prélever les échantillons à quatre endroits différents :

a) à 100 mètres en amont du point de déversement des eaux suspectes de produire la contamination ;

b) au point de déversement ;

c) à 100 mètres en aval du point de déversement ;

d) eau résiduaire (d'égout ou industrielle), telle qu'elle est déversée.

Il est utile d'y joindre un échantillon du dépôt boueux, s'il y a envasement du cours d'eau.

Il sera prélevé de chaque échantillon, deux litres, et le prélèvement n'aura lieu que par temps sec.

Il est enfin indispensable d'obtenir les réponses aux questions suivantes :

1° Quel est le volume de l'eau résiduaire déversée par rapport au volume d'eau qui s'écoule dans la rivière ou le cours d'eau ?

2° Le déversement d'eaux résiduaires est-il continuel ou intermittent ? (Se préoccuper du moment du déversement pour ne prélever les échantillons que lorsqu'il y a lieu).

3° L'aspect et l'odeur de l'eau de la rivière changent-ils d'une façon manifeste après le déversement ?

4° Quelle est la nature des eaux résiduaires déversées ? par quelles industries ?

Il n'y a pas de précautions spéciales dans l'emploi des

FLACONS, comme pour les prélèvements d'échantillons pour les analyses d'eaux potables. Il suffit simplement de prendre des bouteilles d'une contenance de 1 litre et des bouchons de liège propres. Cependant, pour les recherches de contamination de cours d'eau, nous conseillons de n'employer que des bouteilles et bouchons de liège neufs. Nous parlerons plus loin des flacons préparés pour les échantillons destinés à l'analyse bactériologique. Il faut aussi rappeler que les flacons seront lavés abondamment avec l'eau qu'on doit prélever, avant de contenir l'échantillon.

Il est indispensable d'effectuer les analyses le plus rapidement possible après la prise d'échantillon, et si quelque retard était impossible à éviter, de conserver les flacons dans une glacière ou un endroit frais. Lorsque, par suite de la distance, les analyses ne peuvent être effectuées qu'au bout de quelques jours, on recommande d'additionner les échantillons de quelques centimètres cubes de chloroforme ou d'une solution saturée de bichlorure de mercure.

CHAPITRE IV

EXAMEN PHYSIQUE

Les eaux d'égout dissolvent ou charrient des composés et détritus de toutes sortes, l'examen physique donne déjà, pour qui a une certaine habitude de ces examens, une idée approximative de la pollution.

La COULEUR est extrêmement variable, surtout lorsque ces eaux contiennent des résidus industriels; elle est souvent influencée par la présence de matières en suspension. Ainsi, dans les villes industrielles, où la consommation de la houille est considérable, les eaux d'égout entraînent des débris de charbon et de suie qui leur donnent une coloration *apparente* noire souvent intense, bien que quelquefois ces eaux, après filtration, ne présentent plus qu'une couleur *véritable* gris sale. Il y a lieu d'examiner l'eau par transparence et par réflexion.

Il ne peut être question de LIMPIDITÉ pour de telles eaux, mais cette qualité doit être celle des effluents épurés. Pour ces effluents, même parfaitement épurés, on ne peut exiger une limpidité égale à celle des eaux de source, aussi a-t-on établi des limites arbitraires. Pour les établir, on verse de l'eau à examiner dans un tube en verre à fond de glace sur laquelle est placé un papier couvert de caractères d'imprimerie d'un type déterminé. On cherche la limite de visibilité de ces caractères, et par la hauteur de l'eau dans le tube notée à ce moment, on a le degré de limpidité de l'eau. Ces limites ont, malheureusement, pour facteur important, l'acuité visuelle qui varie beaucoup avec l'opérateur, et rend, par suite, toute comparaison impossible. Ainsi, pour remédier à cet inconvénient, la méthode américaine officielle recommande de comparer la limite de visibilité observée avec celle d'une solution d'une turbidité donnée titrée. Cette solution type est obtenue en mettant en suspension, dans un litre d'eau distillée, un gramme de terre d'infusoires débarrassée par ignition des matières organiques, lavée à l'acide chlorhydrique, puis à l'eau, pulvérisée finement au mortier d'agate et passée au fin tamis de soie. Les caractères d'imprimerie sont remplacés par un fil de platine. On note aussi plus simplement que l'eau est transparente, limpide, opalescente, peu trouble, trouble, très trouble.

L'ODEUR peut être, lorsque les eaux sont fraîches, caractéristique de leur provenance, et cela peut être intéressant lorsqu'on a à déterminer si elles contiennent ou non certains résidus industriels. Dans la détermination de l'odeur, on agite une certaine quantité d'eau dans un flacon bouché et on éprouve aussitôt le bouchon enlevé. Quelques odeurs ne sont nettement perceptibles qu'à une certaine température, 40-50 degrés ou même à l'ébullition. On définit l'odeur par analogie, on dit qu'une eau présente une odeur terreuse, vaseuse, putride, fécaloïde, sulfureuse, etc. Lorsque les eaux contiennent de l'hydrogène sulfuré, on les additionne de sulfate de cuivre pour neutraliser cet acide et on éprouve l'odeur qui pouvait être masquée par celle de l'acide sulfhydrique.

Les eaux d'égout contiennent toujours des matières en suspension qui se déposent plus ou moins rapidement. Le SÉDIMENT ainsi obtenu a des caractères qui permettent de prédire sa destinée dans les différentes phases de l'épuration biologique. S'il se sépare très rapidement, il est formé de matières minérales en presque totalité. Au contraire, s'il est tardif, il peut être composé soit de matières minérales, comme l'argile finement divisée, soit de matières organiques. Ce sédiment peut être pulvérulent, visqueux, floconneux, aggloméré, etc. On peut en connaître, d'une façon toute approximative, le volume, en versant une certaine quantité d'eau dans un tube cylindrique ; après quelque temps de dépôt, on détermine la hauteur du sédiment et on calcule le pourcentage en comparaison avec la hauteur de l'eau.

CHAPITRE V

ANALYSE CHIMIQUE

La complexité de composition des eaux d'égout est si grande qu'on ne peut penser à effectuer une analyse complète; il faut s'en tenir à un certain nombre de dosages, dont l'importance, plus ou moins grande, variera suivant le temps dont peut disposer l'opérateur.

Lorsqu'il s'agit d'étudier la composition d'une eau d'égout pour en déduire le meilleur procédé d'épuration, l'analyse devra être très étendue; au contraire, dans le service journalier de contrôle d'une installation d'épuration, quelques dosages suffiront, les autres déterminations n'étant effectuées qu'à certaines périodes.

Pour le premier cas, il y a lieu de déterminer :

Les matières en suspension organiques et minérales ;

L'oxydabilité au permanganate en solution acide et alcaline;

Le carbone organique total et dissous (le carbone organique en suspension par différence);

L'ammoniaque ;

L'azote organique total et dissous (l'azote organique des matières en suspension par différence);

Les nitrates et nitrites ;

L'acidité ou l'alcalinité;

Les chlorures ;

Les matières grasses;

Les sels minéraux, le fer, en particulier;

L'acide phosphorique et la potasse (seulement si les eaux doivent être employées en irrigations culturales);

Les sulfures ;

Pour le contrôle journalier des opérations d'épuration :

L'oxygène absorbé en 4 heures ;

L'oxygène absorbé en 3 minutes, avant et après incubation (pour les eaux épurées seulement) ;

L'ammoniaque,

Les nitrates et les nitrites.

Pour l'analyse des eaux résiduaires industrielles, comme pour celle des échantillons prélevés dans les rivières pour la recherche de la contamination produite par ces eaux, les dosages à effectuer varieront suivant leur nature, il est donc impossible d'en donner une énumération qui risquerait d'être incomplète. Le chimiste sera guidé dans leur choix par les indications qui lui seront fournies.

Dans certaines eaux résiduaires industrielles, la matière organique est si abondante qu'on ne peut l'évaluer que par la perte au rouge, la méthode au permanganate donnerait des résultats moins approchés.

Nous avons exclu certaines déterminations souvent effectuées dans les analyses d'eaux potables, mais qui ne donnent, pour les eaux résiduaires, aucune indication utile, tels sont : le degré hydrotimétrique total et permanent, la silice, la soude, la magnésie. Nous renvoyons pour cela aux traités généraux.

Les résultats sont exprimés en milligrammes par litre, ce qui est identique à la méthode américaine qui les exprime en parts par million. Les résultats anglais relativement anciens sont donnés en grains par gallons (un grain par gallon correspond à $14^{mg},26$ par litre) et, plus récemment, en parties pour cent mille.

Matières en suspension.

La détermination des matières en suspension dans les eaux d'égout semble très simple, elle est pourtant des plus délicates. Il est d'abord très difficile d'obtenir un échantillon vraiment moyen à cet égard, car certaines matières sont très lourdes et se déposent dans le canal où le prélèvement est effectué, d'autres matières flottent ou sont trop volumineuses pour entrer dans les flacons. Il est donc nécessaire d'évaluer le mieux possible ces deux espèces de matières séparément comme on opère dans une installation d'épuration où les échantillons sont collectés soit après les premières grilles d'arrêt des matières volumineuses, soit après les fosses à sable.

La plupart des auteurs recommandent la méthode par filtration. On peut opérer de deux façons.

Méthode directe. — Un volume connu d'eau, 500 centimètres cubes par exemple, est filtré sur un filtre taré; lorsque tout le liquide a été employé, on sèche le filtre à l'étuve à 100 degrés la différence de poids donne la quantité de matières en suspension dans 500 centimètres cubes d'eau.

Méthode indirecte. — La filtration étant le plus souvent assez lente, on peut ne filtrer qu'un volume plus restreint de l'eau. On évapore dans une capsule l'eau filtrée, dans une autre un égal volume de l'eau non filtrée, la différence des résultats donne le poids des matières en suspension.

Ces méthodes par filtration sont très longues et peu sûres. En effet, les eaux d'égout contiennent toujours des matières colloïdales qui colmatent très rapidement les papiers si bien que la filtration devient interminable. De plus, les premières portions filtrées sont toujours plus ou moins opalescentes, doit-on les considérer comme tout à fait débarrassées des matières en suspension, ou doit-on les rejeter sur le filtre jusqu'à obtention d'un liquide limpide? Ce sont des questions que l'analyste se pose toujours au début d'une analyse de ce genre et auxquelles il ne peut guère répondre d'une façon irréfutable.

Enfin lorsque la filtration est très longue, une partie des matières organiques en suspension peut se dissoudre et échapper ainsi à la détermination.

Nous employons une méthode, qui, bien qu'elle ne soit pas plus parfaite, a l'avantage d'être rapide.

Dans un verre conique on verse un litre de l'eau à analyser et on le porte dans un endroit frais, dans une glacière de préférence. Après quatre ou cinq heures, les matières en suspension sont déposées en presque totalité surtout si l'on a eu soin de bien agiter l'eau en la versant dans le verre.

On siphonne toute la partie claire, et le reste du liquide avec toutes les matières est versé dans un ou plusieurs tubes d'un centrifugeur. Par la rotation rapide les matières sont bien agglutinées au fond des tubes, on décante le liquide, on remet le précipité en suspension avec de l'eau distillée et on le verse dans une capsule de platine. On sèche au bain-marie d'abord puis à l'étuve à 110° ensuite et on pèse. La calcination détruit les matières organiques et il reste la partie minérale. On a recommandé de centrifuger une seconde fois le précipité mis en suspension dans l'eau distillée pour le débarrasser des matières en solution de l'eau qui l'imprègne, mais l'erreur très faible de ce fait compense celle que l'on peut craindre dans la non-précipitation de toutes les matières en suspension.

La durée de quatre à cinq heures pour le dépôt de ces matières est suffisante pour la plupart des eaux d'égout que nous avons examiné, cependant on peut rencontrer d'autres eaux plus concentrées ou des eaux résiduaires industrielles qui exigeront un temps beaucoup plus long, ce qui sera dé-terminé pour chaque cas particulier.

Le liquide décanté par siphonnage sera analysé comme ne contenant que des matières dissoutes. Nous avons dû, par suite de l'incertitude que nous avons signalé plus haut, aban-donner la filtration que nous croyons inutile, d'autant plus que les matières colloïdes séparées par une filtration parfaite échappaient à l'analyse. Ces matières colloïdales, comme nous avons pu l'observer ne se déposent, qu'après plusieurs jours, elles passent donc plus ou moins modifiées par le sé-jour en fosse septique, dans les lits bactériens.

Réaction.

Les eaux d'égout sont le plus souvent alcalines, car les eaux potables dont elles dérivent ont généralement une alca-linité due aux carbonates alcalino-terreux dissous à la faveur de l'acide carbonique, et elles contiennent du carbonate d'ammoniaque formé par la décomposition de l'urée et des carbonates alcalins employés soit dans les ménages, soit dans l'industrie.

Exceptionnellement elles peuvent contenir des alcalis libres, ou des acides, ce qu'on reconnaît par le papier de tournesol.

La détermination de la réaction est importante pour l'épuration chimique de l'eau, de plus on sait que les eaux acides ne peuvent le plus souvent être traitées par les procédés biologiques et que de telles eaux sont très nuisibles aux poissons lorsqu'elles sont rejetées dans les rivières.

Alcalinité. — On détermine le degré alcalimétrique par la méthode de Bonjean.

Les réactifs sont :

1° Acide sulfurique titré à $9^{gr},80$ SO^4H^2 par litre ;

2° Solution aqueuse à 1 pour 100 d'orangé Poirier n° 3.

On détermine d'abord, sur 100 centimètres cubes d'eau distillée additionnés de 4 gouttes de solution d'orangé, quel est le volume d'acide nécessaire pour obtenir la coloration rose, volume qui sera retranché du chiffre trouvé dans l'essai réel.

On opère de même sur 100 centimètres cubes de l'eau à analyser, additionnée de la même quantité de matière colorante, et on verse l'acide titré jusqu'à coloration rose.

On peut exprimer les résultats en carbonate de chaux par litre : 1 centimètre cube de solution acide correspond à 10 milligrammes de CO^3Ca. Si on veut calculer les résultats en acide sulfurique, chaque centimètre cube de solution contient $0^{gr},0098$ de SO^4H^2.

On a aussi proposé comme indicateur l'alizarine sulfoconjuguée qui n'exige pas de correction comme par l'emploi de l'orangé.

Pour les eaux résiduaires très colorées cette méthode ne peut être employée. On peut titrer en ajoutant l'acide et en portant après chaque addition une goutte de l'eau sur du papier de tournesol sensible jusqu'à ce qu'un léger excès fasse virer la coloration au rouge. On peut aussi faire le titrage en retour avec une solution titrée de soude, après avoir chauffé jusqu'à l'ébullition, l'eau additionnée d'un excès de solution acide titré.

Nous recommandons dans ces cas l'emploi de papier de tournesol fait avec du papier encollé, coloré sur une face seulement.

Acidité. — L'acidité se reconnaît à la coloration rouge du tournesol.

On la dose avec une solution titrée de soude avec le tournesol, l'orangé ou la cochenille comme indicateur. Les résultats sont toujours exprimés en acide sulfurique par litre.

Matières organiques.

« Les chimistes, disait *Duclaux* (¹), béniraient une méthode qui leur permettrait de découvrir et de doser facilement le total de la matière organique présente dans une eau. On aurait ainsi la somme de ses impuretés, et une mesure de sa purification. Malheureusement on n'a pour cela que des procédés très imparfaits. »

Les deux méthodes employées sont l'une, l'évaporation de l'eau suivie de la calcination du résidu, l'autre l'oxydation des matières organiques sous certaines conditions.

Résidu sec. — Résidu fixe après calcination. — Pour déterminer le *résidu sec* on évapore au bain-marie, dans une capsule de platine tarée 200 à 500 centimètres cubes d'eau jusqu'à siccité. On achève la dessiccation en portant la capsule dans une étuve à air à 110 degrés (fig. 8) pendant quatre heures, on laisse refroidir dans un dessiccateur (fig. 9) et on pèse rapidement, les résidus étant généralement très hygrométriques.

La capsule contenant le résidu sec est placée dans un moufle dont on élève progressivement la température jusqu'au rouge sombre, qu'on maintient jusqu'à ce que le résidu soit peu coloré. On n'obtient pas généralement avec les eaux d'égout de cendres blanches, car ces eaux renferment le plus souvent des sels métalliques, de fer en particulier. On laisse refroidir la capsule dans le dessiccateur et on pèse. Le poids ainsi noté représente le *résidu fixe*.

La différence entre le poids du résidu sec et celui du résidu fixe donne la *perte au rouge*.

(¹) *Traité de microbiologie,* tome I, p. 510.

Il faut se garder de considérer la perte au rouge comme représentant la matière organique. En effet, si pendant la calcination la matière organique a été brûlée, certains sels ont été volatilisés ou décomposés en partie, comme les chlorures, les nitrites, les nitrates, les sulfates, les sels alcalino-

Fig. 8. — Étuve à air chaud.

terreux; on a aussi évaporé l'eau de constitution de certains sels.

D'après *Bonjean* ce qui affecte principalement et d'une façon générale le poids du résidu fixe est la perte de l'acide carbonique des carbonates alcalino-terreux et la décomposition des nitrates de ces terres alcalines. Aussi, pour remédier à cette cause d'erreur, conseille-t-il de reprendre le résidu fixe par quelques centimètres cubes d'une solution de carbonate d'ammoniaque pur. On évapore doucement au bain-marie, puis on chauffe à feu nu ou au moufle d'abord avec précaution pour éviter les projections dues à la décomposition du carbonate d'ammoniaque puis au-dessous du rouge sombre[1]. On laisse refroidir dans le dessiccateur et la pesée donne le poids du résidu fixe. Dans cette opération, on a transformé en carbonates les oxydes alcalino-terreux provenant de la décomposition des carbonates et des nitrates.

Malgré cette correction la détermination de la perte au rouge comme évaluation de la matière organique, donne toujours pour la comparaison d'une eau avant et après épuration des résultats plus faibles que celle de l'azote ou du carbone. Nous avons montré

Fig. 9. — Dessiccateur à deux étages.

dans une étude sur l'*Épuration biologique des eaux de féculerie*[2] que le coefficient d'épuration calculé par la perte au rouge est inférieur à celui calculé d'après les autres déterminations. Cependant, pour des eaux très chargées, cette donnée peut fournir des indications utiles.

Oxydabilité. — On a proposé d'évaluer la matière organique en déterminant la quantité d'oxygène qu'elle est susceptible d'emprunter au permanganate. Cette méthode présenterait certaine exactitude si par l'action du permanganate de potasse on pouvait oxyder complètement la matière organique. D'après *Tiemann* et *Preusse*[3] il n'y a aucun corps, sauf l'acide oxalique, qui puisse emprunter au permanganate tout l'oxygène

[1] Il est préférable de porter la capsule seulement au bain de sable à environ 150°, l'appréciation du rouge sombre peut être une cause d'erreur.
[2] *Revue d'hygiène*, 1906, page 75.
[3] Cité par DUCLAUX, *Microbiologie*, tome 1, page 511.

dont il aurait besoin pour brûler, les autres en empruntent des fractions fort différentes : l'acide tartrique les 3/4, le sucre de raisin les 4/10, le sucre de canne 54 pour 100, l'acide benzoïque 22 pour 100, l'asparagine 12 pour 100, l'allantoine 3 pour 100, et l'urée pas du tout. Cependant cette méthode, appliquée à une même eau, avant et après épuration, peut donner une idée de la perte en matière organique obtenue par le traitement. De plus, les matières organiques les plus atteintes en solution acide, d'après *Tiemann* et *Preusse*, étant les matières les plus complexes, les plus nutritives pour les microbes, les plus éloignées de l'état auquel les amène la vie microbienne, ce sera de préférence à ces matières qu'il faudra rapporter les différences de titrage au permanganate avant et après épuration([1]).

Sur ce principe de l'oxydabilité de la matière organique par le permanganate on a proposé un grand nombre de modes opératoires. Les uns font agir le permanganate en solution acide les autres en solution alcaline, soit à l'ébullition pendant des temps différents, soit à la température ordinaire. Les méthodes les plus connues sont :

Méthode de Kubel : ébullition en solution acide, titrage en retour par l'acide oxalique.

Méthode de Schulze : ébullition en solution alcaline, neutralisation par l'acide sulfurique et titrage en retour par l'acide oxalique.

Méthode de Lévy : Ébullition en solution alcaline légère (bicarbonate de soude), neutralisation, addition de sulfate ferreux et titrage au permanganate.

Méthode anglaise à la température ordinaire ou oxygène absorbé en 4 heures en solution acide.

Pour obtenir une certaine précision dans ces déterminations, il est indispensable de se mettre dans des conditions aussi peu variables que possible; aussi la méthode suivante([2]) est-elle préférable. Il semble, d'après *Pouchet* et *Bonjean*, qu'il soit intéressant de doser l'oxydabilité non seulement en milieu acide mais aussi en milieu alcalin, car ces auteurs pensent que

([1]) On verra plus loin que certaines substances non organiques, décomposent aussi le permanganate.
([2]) Méthode Pouchet et Bonjean, légèrement modifiée.

les matières organiques d'origine animale sont plus avides d'oxygène en milieu alcalin qu'en milieu acide, l'inverse aurait lieu pour les matières d'origine végétale. Cette assertion n'a pas été toujours trouvée exacte, cependant les deux déterminations simultanées peuvent dans certains cas fournir des indications non négligeables.

L'évaluation de la matière organique par l'oxydabilité au permanganate repose sur le principe suivant :

Lorsqu'on additionne une eau, renfermant des matières organiques, d'une petite quantité de permanganate de potassium à froid ou, plus rapidement à chaud, on voit la coloration disparaître et faire place à un dépôt brun d'oxyde de manganèse. Le permanganate a perdu une partie de son oxygène et s'est transformé d'après l'équation suivante :

$$2\,MnO^4K + 5\,SO^4H^2 \;=\; SO^4K^2 + 2\,SO^4Mn + 5\,H^2O + 5\,O.$$

L'oxygène est fixé par la matière organique.

Réactifs. — 1° Solution A de permanganate de potassium à 5 gr. 16 par litre.

2° Solution B de permanganate diluée : on porte 125 centimètres cubes de la solution A à 1 litre par addition d'eau distillée, 1 centimètre cube de cette solution correspond à 0 milligr. 1 d'oxygène.

3° Solution de sulfate ferreux ammoniacal. On dissout 10 grammes de sulfate ferreux ammoniacal avec 10 centimètres cubes d'acide sulfurique pur dans de l'eau distillée et on porte le volume à 1 litre.

4° Solution décinormale d'acide oxalique à 6 gr. 3 par litre. Cette solution ne se conservant que peu de temps doit être fréquemment renouvelée. On peut aussi la stériliser par filtration à la bougie Chamberland, en gardant les solutions ainsi filtrées dans des flacons stérilisés. 10 centimètres cubes de cette solution correspondent à 8 centimètres cubes de solution B de permanganate.

5° Solution d'acide sulfurique pur dilué. On verse avec précaution dans 800 centimètres cubes d'eau distillée 200 centimètres cubes d'acide sulfurique pur et on laisse refroidir.

6° Solution saturée de bicarbonate de soude.

Technique. — L'oxydabilité est obtenue par la différence

entre l'oxygène emprunté au permanganate par un volume x
d'eau et l'oxygène emprunté au permanganate par un volume
$2\,x$ de cette même eau. Dans un matras conique d'Erlenmeyer
de 250 centimètres cubes de capacité, on verse un volume
d'eau (¹) tel qu'après l'ébullition avec 40 centimètres cubes
de solution B de permanganate, le liquide reste nettement
coloré en rouge. Dans un autre vase de même capacité, on
verse une quantité d'eau double de la première. (Dans nos
expériences avec les eaux de la Madeleine, nous avons employé

Fig. 10. — Appareil pour la détermination de l'oxydabilité à chaud.

respectivement 10 et 20 centimètres cubes d'eau brute ou
d'eau sortant des fosses septiques, 25 et 50 centimètres cubes
d'eau sortant du premier lit bactérien, 50 et 100 centimètres
cubes d'eau sortant du deuxième lit bactérien, second contact, en des lits percolateurs.)

On complète, quand cela est nécessaire, avec de l'eau distillée, pour avoir dans les deux vases un volume égal de
100 centimètres cubes. On verse alors dans chacun des matras

(¹) La plupart des auteurs recommandent de n'opérer que sur des eaux
filtrées, cela est indiqué pour les eaux potables, ou pour les eaux bien
épurées, mais pour les eaux d'égout une bonne décantation est bien suffisante, mais il est indispensable qu'elles ne contiennent aucune matière en
suspension.

10 centimètres cubes d'acide sulfurique dilué et 40 centimètres cubes de solution B de permanganate. On porte à l'ébullition ménagée pendant 10 *minutes* exactement([1]).

On ajoute 20 centimètres cubes de solution de sulfate ferreux qui décolore complètement la liqueur et on laisse refroidir.

On revient à la teinte rose très légère en ajoutant à l'aide d'une burette graduée la solution B de permanganate.

La différence volumétrique de solution de permanganate trouvée entre les deux épreuves représente l'oxygène consommé par la matière organique de 10, 25 ou 50 centimètres cubes de l'eau employée. Or, comme 1 centimètre cube de la solution B de permanganate correspond à 0 mgr. 1 d'oxygène, en multipliant respectivement par 100 ou par 40 ou par 20, on obtient la quantité d'oxygène empruntée au permanganate par un litre d'eau, en *solution acide*.

Pour l'évaluation en *solution alcaline*, on opère sur les mêmes solutions auxquelles on ajoute 20 centimètres cubes de solution de bicarbonate de soude et 40 centimètres cubes de solution B de permanganate. Après 10 *minutes* d'ébullition, on sature le bicarbonate par 10 centimètres cubes d'acide sulfurique dilué, ajouté avec précaution, et après refroidissement en titre comme précédemment.

Les solutions de permanganate étant assez facilement altérables, on doit en déterminer le titre avant l'emploi, à l'aide de la solution d'acide oxalique.

Remarque. — Il est utile de signaler les techniques employées dans certains laboratoires pour l'étude des méthodes d'épuration d'eau d'égout.

En Allemagne on emploie uniquement l'ébullition de 10 minutes en solution acide de l'eau filtrée.

En Angleterre la méthode à froid que nous allons exposer est seule en usage.

Aux États-Unis d'Amérique la durée d'ébullition des solutions acides varie, elle est de 2 minutes à Lawrence et de 5 minutes à *Boston*. Le comité des méthodes types d'analyses d'eau du laboratoire d'Hygiène d'Amérique a adopté la mé-

([1]) L'excès de permanganate, restant non décomposé après ébullition, doit toujours être au moins comme 1 à 2 par rapport à la quantité décomposée.

thode *Palmer* qui comporte la digestion de l'eau acidifiée pendant 30 minutes au bain-marie bouillant.

La comparaison des résultats obtenus par ces différents modes opératoires a été faite par A. *Johnson* et A. *Elliott Kimberly*[1] qui ont donné le tableau suivant :

	Temps de contact en minutes.	Température.	Résultats.
Méthode Palmer	30	96°	3,14
Lawrence	2	100°	0,74
Boston.	5	100°	1,00
Méthode allemande. . .	10	100°	1,18
Méthode anglaise. . . .	240	26°,7	0,56

Résultats. — Les résultats sont rapportés le plus souvent comme il a été indiqué plus haut en oxygène, cependant quelques auteurs expriment encore leurs résultats en acide oxalique. Pour faire cette évaluation, il suffit de multiplier par 7 le chiffre d'oxygène.

Oxygène absorbé en 4 heures. — Cette détermination (test des Anglais) s'effectue de la manière suivante :

On fait agir pendant 4 heures une solution titrée de permanganate de potassium sur l'eau analysée qui a été préalablement acidifiée par l'acide sulfurique. Au bout de ce temps, la réaction est arrêtée par l'addition d'une solution d'iodure de potassium. Le permanganate non réduit met en liberté une quantité correspondante d'iode que l'on dose avec une solution titrée d'hyposulfite de soude en présence d'amidon. Par la correspondance des solutions, on a facilement la quantité de permanganate qui a été réduite et on en tire la quantité d'oxygène qui a été absorbée par les matières organiques ou autres oxydables, présentes dans l'eau.

Réactifs. — 1° Solution diluée de permanganate de potassium; c'est la solution B indiquée plus haut pour la détermination de l'oxydabilité, 1 centimètre cube correspond à 0 mgr. 1 d'oxygène ;

2° Solution d'acide sulfurique pur au cinquième en volume;

3° Solution d'iodure de potassium à 10 pour 100 ;

4° Empois d'amidon à 2 grammes par litre.

_____
[1] *Journal of Infectious diseases*, 2ᵉ supplément, fév. 1906, p. 97.

5° Solution titrée d'hyposulfite de soude. On dissout 7 grammes de ce sel dans un litre d'eau. Cette solution doit être préparée de façon que 1 centimètre cube corresponde à 2 centimètres cubes de la solution diluée de permanganate. Pour cela on mélange 50 centimètres cubes d'eau distillée, 10 centimètres cubes d'acide sulfurique dilué et 50 centimètres cubes de permanganate. On ajoute alors goutte à goutte la solution d'iodure de potassium jusqu'à ce que le mélange ait la coloration jaune brun clair de l'iode. Au moyen d'une burette graduée, on verse alors la solution d'hyposulfite jusqu'à coloration jaune pâle. On ajoute quelques gouttes de l'empois d'amidon et on continue à faire couler la solution d'hyposulfite jusqu'à décoloration. Si la solution est exacte, on aura employé 25 centimètres cubes d'hyposulfite ; si l'on n'a pas ce résultat, on ajuste la solution par une dilution convenable.

Cette solution est très altérable, aussi doit-on en préparer peu à l'avance et, en tout cas, la titrer à nouveau chaque jour.

Les réactions utilisées dans ce dosage sont établies par les équations suivantes :

$$5O + 10KI + 5SO^4H^2 = 5SO^4K^2 + 5I^2 + 5H^2O.$$

On dose alors l'iode mis en liberté :

$$5I^2 + 10S^2O^3Na^2 = 5S^4O^6Na^2 + 10NaI.$$

Quant à la réduction du permanganate par les matières oxydables, la formule en a été donnée pour la détermination de l'oxydabilité.

Technique. — Le dosage se fait de la même manière que le titrage de la solution d'hyposulfite.

On mesure dans un matras 50 centimètres cubes d'eau à analyser, puis 5 centimètres cubes d'acide sulfurique dilué, puis 20 centimètres cubes ou davantage de solution de permanganate. On abandonne le matras pendant 4 heures à la température du laboratoire. Au bout de ce temps on ajoute la solution d'iodure et on titre à l'hyposulfite, 1 centimètre cube de la solution d'hyposulfite correspondra à 0 mgr. 2 d'oxygène. En tenant compte du volume d'eau employé 50 centimètres

cubes, 1 centimètre cube de la solution d'hyposulfite correspondra à 4 milligrammes d'oxygène par litre.

Il est important, comme il a été indiqué pour l'oxydabilité,
qu'il y ait toujours un excès de permanganate pendant les
4 heures, et qu'au bout de ce temps, le mélange soit encore
très nettement coloré en rouge.

Bien que certains analystes anglais ou américains opèrent
sur l'eau brute entière, il est recommandable de ne faire cette
détermination que sur l'eau décantée mais non filtrée.

Le titrage par la solution d'hyposulfite doit être effectué
aussitôt que possible après l'addition de la solution d'iodure,
car avec le temps il y aurait une erreur par suite de la mise en
liberté de l'iode par l'acide sulfurique en solution.

Remarque. — La détermination de l'oxygène absorbé en
4 heures donne dans une certaine mesure une appréciation de
la quantité des matières organiques de l'eau, mais il peut s'y
rencontrer d'autres composés capable de réduire le permanganate. Ce sont les produits du goudron de la houille, phénol,
naphtol, naphtylamine, bases pyridiques, de teinture, indigo,
campèche, des sels inorganiques, sulfocyanates, sulfites,
nitrites, sels ferreux, etc.

Le plus souvent ces composés sont en quantités tellement
faibles qu'ils sont négligeables; il sera cependant utile de les
rechercher dans certains cas particuliers pour expliquer des
résultats anormaux.

Oxygène absorbé en trois minutes. — Cette détermination
de l'oxygène absorbé en 3 minutes ne sert pas à proprement
parler à l'évaluation de la matière organique et nous aurons
plus loin l'occasion d'y revenir en détail dans le chapitre traitant des méthodes d'appréciation du degré d'épuration d'une
eau d'égout.

On opère de la même manière que pour la détermination de
l'oxygène absorbé en 4 heures, sauf que la durée de contact
de l'eau avec le permanganate en solution acide est réduite à
3 minutes.

Lorsque l'on a de nombreux échantillons à analyser, on emploie les dosages en série de la façon suivante : on prépare
6 fioles coniques de 250 centimètres cubes, dans chacune on

mesure 50 centimètres cubes d'eau puis 5 centimètres cubes
d'acide sulfurique dilué. Toutes les 1/2 minutes, on verse dans
une fiole 20 centimètres cubes de solution de permanganate.
Au bout de 5 minutes on a terminé et on revient à la première
fiole dans laquelle on arrête l'action du réactif par l'iodure de
potassium, après 1/2 minute on agit de même pour la voisine
et ainsi de suite jusqu'à la 6ᵉ. On titre ensuite à l'hyposulfite
comme il a été dit plus haut.

Cette épreuve ne s'effectue que sur des eaux épurées et se
renouvelle au bout de 7 jours d'incubation à 30° des mêmes
eaux. La comparaison des deux résultats sera indiquée plus
loin sous le nom d'*épreuve d'incubation*.

Les résultats obtenus ainsi donnent une indication sur les
composés capables de réduire immédiatement le permanganate
de potassium. Ce sont dans les eaux d'égout contenant peu ou
pas de résidus industriels, principalement les sulfures et les
nitrites ; dans les eaux résiduaires industrielles on rencontre
aussi le sulfate ferreux, les sulfocyanates, les phénols et leurs
dérivés, les matières colorantes, indigo, etc. Une partie de la
matière organique est aussi oxydée mais plus lentement et
généralement les nombres obtenus par l'épreuve en 5 minutes
sont beaucoup plus faibles que ceux de l'épreuve de 4 heures.

Carbone organique.

Si les méthodes actuelles ne permettent pas d'évaluer d'une
façon précise la proportion de matière organique dans une
eau, il est possible d'en déterminer certains éléments simples
comme le carbone et l'azote.

Par l'analyse élémentaire on peut effectuer ces déterminations d'une façon précise, mais, lorsqu'il s'agit d'une eau
d'égout et surtout d'une eau épurée, cette méthode est longue
et peu pratique. De plus, il est souvent difficile de détacher
des capsules, sans aucune perte, le résidu de l'évaporation des
eaux pour l'introduire dans le tube à combustion.

MÉTHODE KOENIG. — Pour le dosage du carbone dissous,
Koenig a proposé une méthode qui consiste en une véritable
combustion humide des matières organiques en solution

acide, par le permanganate de potassium en excès. L'acide carbonique produit par cette combustion est fixé par de la chaux sodée contenue dans des tubes en U que l'on pèse avant et après l'opération.

Technique. — Dans un ballon en verre d'Iéna de 700 centimètres cubes de capacité, on verse 250 centimètres cubes d'eau filtrée avec 10 centimètres cubes d'acide sulfurique dilué à 1/5. On relie ce ballon à un réfrigérant à reflux et l'on porte à l'ébullition pendant 1/2 heure pour chasser l'acide carbonique libre ou combiné. On laisse un peu refroidir et on met le réfrigérant en communication avec un tube de *Péligot* contenant de l'acide sulfurique pur, puis avec une série de tubes en U. Le premier de ces tubes contient du chlorure de calcium pour dessécher le gaz; le deuxième et le troisième, munis de robinets, renferment de la chaux sodée qui retiendra l'acide carbonique dégagé par la combustion humide; enfin un quatrième tube contient dans une branche de la chaux sodée et dans l'autre du chlorure de calcium : il sert de tube de sûreté.

On a pris, avant l'opération, la tare des tubes à chaux sodée.

On verse alors dans le ballon, par un tube latéral, environ 2 grammes de sulfate mercurique et 2 grammes de permanganate de potassium. On chauffe d'abord doucement pour produire un dégagement lent d'acide carbonique, puis on porte à l'ébullition. Lorsqu'il n'y a plus de dégagement on cesse de chauffer.

On balaie tout l'appareil par un faible courant d'air qui a passé dans un tube à chaux sodée pour le dépouiller de son acide carbonique. Après quelques minutes, on arrête l'opération et on pèse les tubes à chaux sodée tarés au préalable; l'augmentation de poids donne la quantité d'acide carbonique formé aux dépens de la matière organique.

Les résultats sont exprimés en carbone en multipliant le poids d'acide carbonique par 0,2727 puis par 4 pour rapporter au litre.

Remarque. — Cette méthode est très employée en Allemagne, elle a le grand avantage d'être simple et d'un emploi facile; par contre, elle donne des résultats le plus souvent très éloignés de la vérité. Si avec les corps ternaires les erreurs sont peu importantes, avec les composés azotés elles peuvent être considérables. M. *Constant*, notre collaborateur, a dosé par cette méthode quelques composés ; en variant quelque peu la technique il a obtenu les résultats suivants :

		Ébullition.	Trouvé.	Calculé.
Amidon.	10^{cc} S O^{4}H^2 1/5^e	5 heures	75	69
Dextrine	id.	id.	75	69
Acide tartrique. .	id.	id.	104	110
— . .	id.	id.	97	110
Acide citrique . .	id.	id.	119	125
Urée	id.	id.	310	750
—	20^{cc} id.	id.	355	730
—	20^{cc} id.	plus longue	560	730
—.	10^{cc} S O^{4}H^2 pur	3 heures	430	730

			KOENIG.	DESGREZ.
Peptone.	10^{cc} S O^{4}H^2 1/5^e	2 heures	77	165
—	10^{cc} S O^{4}H^2 pur	id.	88	"
—	10^{cc} S O^{4}H^2 1/5^e	id.	91	»
—	20^{cc} id.	4 heures	104	"
—	10^{cc} S O^{4}H^2 pur	4 —	106	»
— . . .	10^{cc} id.	5 —	114	"

			Trouvé.	Calculé.
Glycocolle.	10^{cc} S O^{4}H^2 1/5^e	5 heures	170	585
—	20^{cc} id.	id.	175	585
—	id.	id.	155	585
—	id.	6 heures	275	585

Le même opérateur a dosé aussi comparativement le carbone organique par la méthode Kœnig et par la méthode Desgrez décrite plus loin, dans les eaux brutes, les effluents de forces septiques et des lits bactériens à percolation de la Madeleine, il a trouvé :

	KOENIG.	DESGREZ.
Eau brute	168	302
—	188	354
—	216	322
—	220	252
Effluent des fosses septiques	96	156
—	188	194
—	196	228
—	196	248
Effluent du lit bactérien percolateur. .	55	40
— — . .	43	48
— — . .	42	44
— — . .	32	28

Tous ces résultats montrent combien cette méthode est peu
sûre et on peut l'assimiler entièrement à la méthode de *Wanklyn* et *Chappman* pour le dosage de l'azote dit albuminoïde
dont il sera parlé plus loin.

MÉTHODE DESGREZ. — Cette méthode modifiée par *Lambling*
et *Donzé*, quoique plus longue, est au contraire de la précédente
à l'abri de tout reproche et peut rivaliser comme exactitude
avec la méthode ordinaire par combustion avec l'oxyde de
cuivre. La combustion est obtenue par l'action du bichromate
de potasse et de l'acide sulfurique sur la matière organique.
L'acide carbonique produit est recueilli dans un barboteur
de Schlœsing et déterminé par pesée.

Technique. — Un litre d'eau à analyser est additionné de 20
à 30 centimètres cubes d'une solution saturée d'acide sulfureux
pour éliminer tout le carbone minéral ou gazeux. Le liquide
est évaporé au bain-marie ou plus rapidement au bain de
sable puis, pour terminer, au bain-marie. On délaie le résidu
sec dans quelques centimètres cubes d'eau acidulée et on
chauffe légèrement pour chasser l'acide sulfureux qui pourrait
être encore combiné, on l'introduit dans le ballon de l'appareil *Desgrez* et on achève de tout introduire en lavant à plusieurs reprises la capsule à l'eau bouillante et en la frottant
avec un agitateur. Le volume total ne doit pas dépasser
20 centimètres cubes.

L'appareil (fig. 11) dans lequel se fait l'attaque par le
bichromate de potassium et l'acide sulfurique comprend :

1° Un petit barboteur de *Cloez* A contenant de la lessive de
soude ;

2° Un tube en spirale de *Winkler* B contenant de la lessive
de soude ; ces deux appareils sont destinés à arrêter l'acide
carbonique de l'air qu'on fait passer dans l'appareil ;

3° Le ballon d'attaque C d'une capacité de 100 centimètres
cubes environ ;

4° Un réfrigérant à reflux D pour condenser les vapeurs
entraînées ;

5° Un tube en UF à ponce sulfurique pour dessécher les
gaz ;

6° Deux tubes en UGG' à ferrocyanure de potassium pour
fixer le chlore *et l'acide chlorhydrique* ;

7° Un tube H, contenant un mélange de 9 parties d'oxyde de cuivre et de une partie de chromate de plomb, de 25 centimètres de longueur placé sur une petite grille l à combustion, destiné à faire passer à l'état d'acide carbonique les petites quantités d'oxyde de carbone et à arrêter le soufre ;

8° Un tube en U K à ponce sulfurique pour enlever les dernières traces d'humidité que peut encore contenir le gaz ;

9° Les deux tubes absorbants pour l'acide carbonique, comprenant un barboteur de *Schlœsing* L rempli de lessive de potasse à 42° Bé et un tube en U M contenant dans une branche de la potasse en plaques, et dans l'autre, de la ponce sulfurique ;

10° Un tube en U N à ponce sulfurique pour protéger le tube précédent contre la vapeur d'eau de l'atmosphère.

On allume la grille, on adapte les tubes absorbants pour l'acide carbonique après les avoir pesés, et on ajuste le ballon d'attaque contenant le résidu à analyser comme il a été dit et

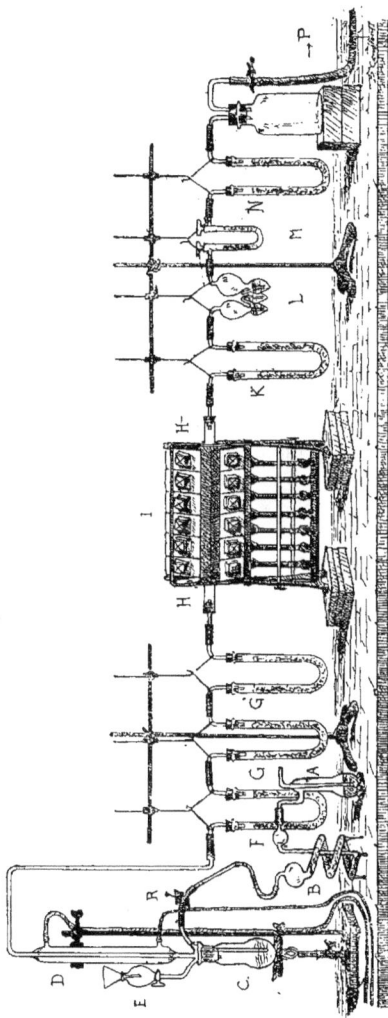

Fig. 11. — Appareil pour le dosage du carbone organique (méthode *Desprez*).

6 grammes de bichromate de potassium pulvérisé. Après avoir fermé par une pince R le tube qui relie le ballon au tube à spirale B, on fait couler goutte à goutte, par l'entonnoir à robinet E, fixé à l'appareil, 20 centimètres cubes d'acide sulfurique pur.

Aussitôt que tout l'acide est introduit, on chauffe, de manière à produire un dégagement de gaz régulier. Quand le dégagement se ralentit, on greffe le tube à ponce sulfurique qui se trouve à l'extrémité de l'appareil sur une trompe P et on fait passer bulle à bulle un courant d'air qui se débarrasse de son acide carbonique dans les deux premiers barboteurs et balaie l'appareil. On continue l'ébullition pendant une heure, puis on cesse de chauffer et on fait passer le courant d'air pendant une heure encore. On détache alors les tubes absorbants, leur augmentation de poids donne l'acide carbonique. L'opération dure à peine 3 heures.

Contrôle. — *Lambling* et *Donzé* ont contrôlé cette méthode et ont donné les chiffres suivants :

	Carbone 0 0	
	Trouvé.	Calculé.
Urée.	20,00	19,96
Acide urique	55,71	55,69
Acide hippurique	60,33	60,04
Saccharose	42,10	42,06

Quelques autres composés analysés par *Constant* ont donné

	Trouvé.	Calculé.
Amidon	158	157
Cellulose	81	80
Glycocolle.	117	114
Chlorure d'aniline.	101,9	101
Benzonaphtol	150	146

Ces résultats prouvent que cette méthode, bien que beaucoup plus simple que la méthode d'analyse élémentaire, donne toute sécurité pour la détermination du carbone organique.

Azote organique.

La méthode de *Will* et *Varentrapp* par combustion à la grille avec la chaux sodée est peu pratique pour les raisons qui ont été exposées pour le dosage du carbone.

MÉTHODE KJELDAHL. — Cette méthode plus simple consiste à détruire les composés azotés par l'acide sulfurique additionné ou non de mercure, l'azote de ces composés reste à l'état de sulfate d'ammoniaque dans le ballon d'attaque. On déplace alors l'ammoniaque par une solution de soude et on la recueille dans un ballon contenant une solution titrée d'acide sulfurique. Il est indispensable de détruire l'acide nitrique, que les eaux d'égout contiennent quelquefois et les effluents d'épuration biologique toujours, dont une partie de l'azote viendrait s'ajouter à l'azote organique. Cette élimination est obtenue facilement par l'addition du protochlorure de fer.

Technique. — On verse dans un ballon de verre d'Iéna de 7 à 800 centimètres cubes de capacité, 250 centimètres cubes d'eau (¹) avec 5 centimètres cubes d'acide sulfurique pur à 1/5, environ 50 centigrammes de protochlorure de fer, et autant de bisulfite de soude cristallisé, avec quelques morceaux de pierre ponce pour régulariser l'ébullition (fig. 12). On évapore à feu nu jusqu'à réduction à environ 50 centimètres cubes, et on laisse refroidir ; on ajoute 10 à 20 centimètres cubes d'acide sulfurique pur, suivant la quantité de matières organiques contenues dans les eaux, et on chauffe jusqu'à production de fumées blanches. On ferme le ballon avec une ampoule de verre, et on chauffe jusqu'à coloration vert clair. Après refroidissement, le liquide doit être incolore. Lorsque la quantité de matières organiques est très abondante, il est quelquefois utile d'ajouter environ 10 centigrammes d'oxyde noir de cuivre et 5 gouttes de solution de chlorure de platine à 1/10, ou un globule de mercure.

On ajoute alors environ 250 centimètres cubes d'eau distil-

(¹) Pour les eaux d'égout ou les eaux résiduaires industrielles très chargées, on n'emploie que 50 ou 100 centimètres cubes.

lée et si l'on a ajouté du mercure on le précipite à l'état métallique par l'hypophosphite de soude. Pour cela, on projette
environ 2 grammes de ce sel dans la solution acide et on
chauffe légèrement pour obtenir un précipité gris. On additionne alors la solution de quelques gouttes de solution de
phénol-phtaléine puis de 40 à 80 centimètres cubes de lessive
de soude à 36° Beaumé et on distille l'ammoniaque que l'on
recueille dans un ballon contenant 10 centimètres cubes de

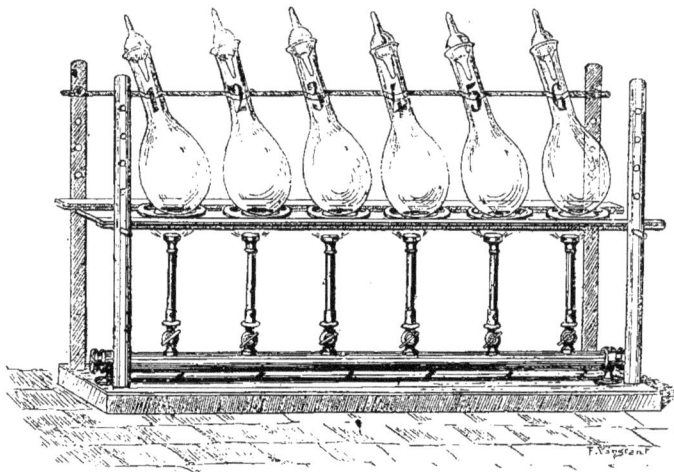

Fig. 12. — Appareil pour le dosage de l'azote organique (méthode Kjeldahl).

solution titrée d'acide sulfurique telle que ces 10 centimètres
cubes soient saturés par 1 centigramme d'ammoniaque (¹).

On effectue habituellement cette distillation dans un appareil d'Aubin à réfrigérant ascendant en étain. Par suite des
modifications qui se produisent dans le tube en métal cet appareil doit être mis hors d'usage au bout d'un certain temps;
de plus tel qu'il se trouve dans le commerce il s'accommode

_____

(¹) *Solution titrée d'acide sulfurique pour le dosage de l'azote.* — On mesure
588 centimètres cubes de solution déci-normale d'acide sulfurique qu'on
étend à 1 litre avec de l'eau distillée. Dix centimètres cubes de cette solution saturent 1 centigramme d'ammoniaque.
Solution titrée de soude correspondante. — On dilue dans les mêmes proportions, la solution déci-normale de soude.

assez mal des longs ballons d'Iena qui ont été indiqués. Aussi avons-nous fait établir l'appareil représenté par la figure 13, qui quoique tout en verre est peu fragile comme l'a démontré un usage très fréquent depuis plusieurs années.

La rétrogradation, indispensable pour éviter les entraînements de solution de soude dans le distillat, est obtenue par deux boules munies d'un tube intérieur recourbé. Après avoir traversé ces deux boules les vapeurs se condensent dans un réfrigérant vertical et viennent tomber directement dans la solution acide titrée.

Il y a lieu de recommander de vérifier souvent l'état des bouchons de caoutchouc qui, s'ils sont crevassés, peuvent retenir de l'ammoniaque et ainsi causer des erreurs dans le dosage.

Lorsqu'on a distillé environ les 2/3 du liquide, on titre l'acide en excès avec une solution correspondante de soude en prenant comme indicateur la teinture de cochenille (cochenille 10 grammes, eau 400 centimètres cubes et alcool 100 centimètres cubes, laisser macérer à froid pendant 8 jours et filtrer).

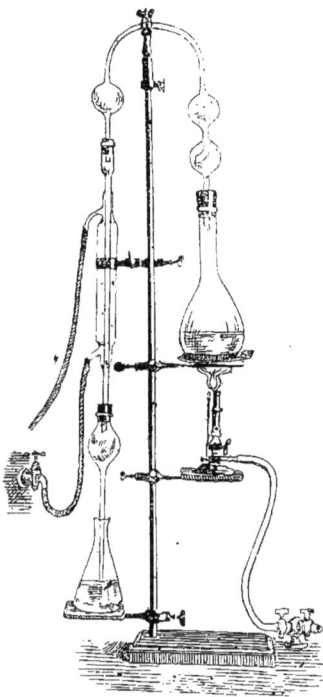

Fig. 13. — Appareil pour le dosage de l'ammoniaque par distillation.

Résultats. — Le nombre de centimètres cubes d'acide qui a été combiné à l'ammoniaque multiplié par 4, donne la quantité totale de l'azote en ammoniaque par litre. Il faut alors retrancher l'ammoniaque libre ou saline dosée d'autre part, le nombre obtenu multiplié par 0,8255 donne l'azote organique exprimé en azote.

MÉTHODE DIRECTE SANS DISTILLATION. — *Rideal* a proposé

d'opérer le dosage de l'azote plus rapidement de la manière suivante :

10 centimètres cubes d'eau d'égout ou 100 centimètres cubes d'effluent épuré additionnés de 4 centimètres cubes d'acide sulfurique pur sont chauffés dans un ballon incliné jusqu'à évaporation de l'eau et décoloration du résidu. Lorsqu'il ne reste plus environ que 2 à 3 centimètres cubes, le ballon est refroidi, le contenu est dilué avec de l'eau distillée et versé dans un ballon jaugé de 100 centimètres cubes avec les eaux de lavage, soit en tout 40 centimètres cubes environ. On ajoute alors un excès soit environ 25 centimètres cubes de solution de soude à 25 pour 100 jusqu'à obtention d'un précipité flocculent. Après refroidissement le volume est amené à 100 centimètres cubes et versé dans un flacon sec qu'on agite de temps en temps jusqu'à ce que le précipité se rassemble et se dépose facilement. Dans une portion convenable du liquide, tel ou dilué, on dose l'ammoniaque par la méthode de *Nessler*. On obtient ainsi tout l'azote non oxydé exprimé en ammoniaque. On en déduit l'ammoniaque libre ou saline et on obtient l'azote organique.

Cette méthode fut modifiée légèrement par *Mc. Gowan* qui ajoute de l'oxalate de potassium à la solution de soude pour précipiter la chaux et qui recommande que la solution ne soit que légèrement alcaline.

Cette manipulation est assez délicate et les résultats ne sont pas obtenus plus rapidement que par la première méthode que nous recommandons de préférence.

Azote albuminoïde. — *Méthode de Wanklyn et Chapmann.* — Lorsqu'on soumet le résidu de la distillation de l'eau qui a servi à donner l'ammoniaque libre et saline, à une deuxième distillation en présence d'une solution alcaline de permanganate de potasse, on recueille de nouvelles quantités d'ammoniaque qui proviennent de la destruction partielle des composés organiques azotés.

Cette méthode a été proposée à *Wanklyn* en 1867 qui croyait à cette époque obtenir ainsi tout l'azote organique. Il reconnut plus tard que l'on recueillait seulement les 2/3 mais cela d'une façon constante. Depuis *Frankland* démontra que cette proportion était extrêmement variable et ces résultats furent confirmés par de nombreuses expériences. Récemment encore *Phelps*[1] a montré que, suivant la concentration de la solution de permanganate, on obtenait des résultats différents. Ainsi dans une eau d'égout :

Avec 25ᶜᶜ solution de permanganate, il recueillit 4ᵐᵍʳ   d'AzH⁵ par litre.
— 50ᶜᶜ   —   —   8ᵐᵍʳ,8   —
— 100ᶜᶜ   —   —   10ᵐᵍʳ,4   —

Même avec une quantité invariable de réactif, 50 centimètres cubes, les différents composés azotés abandonnent plus ou moins d'ammoniaque. Voici les quantités d'ammoniaque obtenues pour cent de celui que peut fournir l'azote total contenu dans ces substances :

Albumine d'œuf	32
Caséine	21
Gélatine	42
Extraits végétaux avec eau froide	54
— avec eau chaude	48
— avec chloroforme	29
Peptone Witte	50
Asparagine	75
Eau distribution	45
Eau résiduaire (15 analyses) moyenne	54,8
— maximum	54,8
— minimum	15,2

Les résultats obtenus par cette méthode ne peuvent donner que de si vagues indications que nous y avons complètement renoncé. Nous croyons toutefois utile de la décrire pour l'intelligence des bulletins d'analyses anglais dans lesquels figure presque toujours cette détermination.

Par la méthode *Wanklyn* et *Chapman* on dose d'abord l'ammoniaque libre ou saline, puis l'ammoniaque dite albuminoïde. On additionne 500 centimètres cubes d'eau, ou une dilution convenable, de carbonate de soude (1 centimètre cube de solution à 10 pour 100) et on distille 50 centimètres cubes de liquide, dans lesquels on dose l'ammoniaque par nesslerisation. On recueille ensuite 150 centimètres cubes de distillat qu'on rejette. On admet que l'ammoniaque contenue dans les 50 premiers

[1] *Journal of Infectious diseases*, 1094, p. 527.

centimètres cubes recueillis représente les trois quarts de
l'*ammoniaque libre ou saline* de l'eau analysée.

On laisse refroidir et on ajoute aux 300 centimètres cubes
restant dans le ballon 50 centimètres cubes de solution alcaline
de permanganate, contenant 8 grammes de permanganate et
200 grammes de potasse caustique par litre et on distille de
nouveau. On recueille 3 volumes de 50 centimètres cubes de
liquide, dans lequel on dose également l'ammoniaque par le
réactif de *Nessler*. Cette ammoniaque représente l'*ammoniaque
albuminoïde*.

Ammoniaque.

L'ammoniaque est avec l'azote gazeux le terme ultime de
la désintégration des matières azotées, aussi la rencontre-t-on
toujours en quantités quelquefois importantes dans les eaux
résiduaires et surtout dans les eaux d'égout charriant les
déchets de la vie qui sont rapidement la proie des ferments
microbiens.

La recherche de l'ammoniaque dans ces eaux s'effectue par
le réactif de *Nessler*. Pour le dosage, il existe principalement
deux méthodes : la méthode par distillation et la méthode
colorimétrique directe. Nous exposerons d'abord ces méthodes et nous étudierons ensuite le choix qu'il convient d'en
faire.

MÉTHODE PAR DISTILLATION. — On mesure dans un ballon
500 centimètres cubes ou 1 litre d'eau et on l'alcalinise par une
petite quantité de carbonate de soude (exempt d'ammoniaque)
ou mieux de magnésie calcinée. On réunit le ballon à un réfrigérant et on distille jusqu'à ce qu'une goutte du liquide distillé ne colore plus le réactif de Nessler. La chaleur doit être
réglée de telle sorte qu'il ne distille pas plus de 10 centimètres
cubes et pas moins de 6 centimètres cubes par minute.

Nous avons décrit plus haut (fig. 13) l'appareil que nous
avons adopté et les raisons qui nous font abandonner l'appareil d'*Aubin*.

Nous avons remarqué que les eaux d'égout étant généralement alcalines l'ébullition seule de l'eau sans aucune addition

peut chasser toute l'ammoniaque qui s'y trouve le plus souvent en totalité à l'état de carbonate.

Des expériences comparatives nous ont donné des résultats un peu plus faibles par l'ébullition seule que par l'ébullition avec une substance alcaline ; nous verrons plus loin l'explication que l'on peut donner de ces différences.

Le liquide distillé est reçu dans un ballon contenant 10 centimètres cubes d'acide sulfurique titré dont nous avons déjà donné la composition.

Lorsque la distillation est terminée on dose l'acidité restant en présence de teinture de cochenille, la différence permet d'obtenir par le calcul la quantité d'ammoniaque.

On peut aussi porter le distillat à un volume connu et doser par la méthode colorimétrique. Nous pensons que le dosage alcalimétrique est préférable et surtout plus rapide, il exige simplement que l'opération s'effectue sur un plus grand volume de liquide.

Méthode colorimétrique. Nesslerisation. — Le réactif de *Nessler* est une solution alcaline d'iodure mercurique et d'iodure de potassium. Lorsqu'on ajoute à ce réactif de très petites quantités d'ammoniaque il se produit une coloration jaune orange qui est d'autant plus intense que l'ammoniaque est plus abondante ; passé une certaine limite, il se produit un précipité rouge brun. On admet qu'il se produit la réaction suivante :

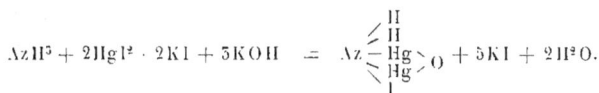

$$Az H^3 + 2 Hg I^2 \cdot 2 KI + 3 KOH = Az \underset{\diagdown Hg}{\overset{\diagup Hg}{-}} O + 5 KI + 2 H^2 O.$$

Suivant *Buisson* ([1]), la réaction n'est pas totale, il s'établit une sorte d'équilibre entre les éléments en présence. Cela explique les mauvais résultats, signalés par certains auteurs, obtenus par l'emploi de ce réactif, mais on peut éviter ces insuccès en employant judicieusement la méthode que nous avons adoptée. La nesslerisation nécessite les réactifs suivants :

1° *Réactif de Nessler*. — On triture, dans un mortier en verre,

([1]) C. R., 30 juillet 1906.

13 gr. 55 de bichlorure de mercure avec 37 grammes d'iodure
de potassium, et on dissout le mélange dans 500 centimètres
cubes d'eau distillée ajoutée peu à peu. Cette solution est additionnée de 300 centimètres cubes de lessive de soude à 36°
Baumé. On verse alors, en agitant après chaque addition,
une solution saturée de bichlorure de mercure jusqu'à ce que
le précipité obtenu commence à ne plus se redissoudre ([1]). On
complète à un litre, on laisse déposer quelques jours et on
décante. Ce réactif doit être conservé dans des flacons jaunes,

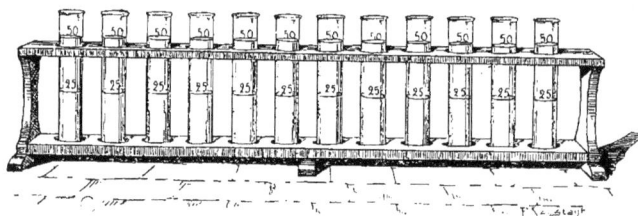

Fig. 14. — Tubes pour le dosage colorimétrique de l'ammoniaque.

à l'abri de la lumière : il sera comparé avec un réactif préparé
antérieurement et donnant de bons résultats.

2° *Solution titrée d'ammoniaque.* — On dissout dans un litre
d'eau distillée 0 gr. 3147 de chlorure d'ammonium pur et sec.
10 centimètres cubes de cette solution renferment 1 milligramme d'ammoniaque. On peut contrôler rapidement cette
solution par le dosage volumétrique du chlore au moyen d'une
solution titrée d'azotate d'argent.

3° *Solution type d'ammoniaque.* — 20 centimètres cubes de la
solution précédente sont portés à un litre par addition d'eau
distillée. Cette solution contient 2 milligrammes d'ammoniaque par litre.

4° *Solution alcaline.* — On dissout 200 grammes de soude
caustique à l'alcool et 200 grammes de carbonate de soude pur
dans 600 centimètres cubes d'eau distillée environ, dans une

([1]) Cette saturation du réactif par le bichlorure de mercure est très
importante; car, faute de l'avoir obtenue, la coloration qui se produit normalement, lorsqu'on y ajoute une solution ammoniacale, est faible ou peut
même ne pas apparaître.

capsule en porcelaine. On porte à l'ébullition, pour chasser l'ammoniaque, jusqu'à ce qu'on n'obtienne plus de coloration par le réactif de Nessler. On laisse refroidir et on complète à 1 litre avec de l'eau distillée.

5° *Solution d'acétate de zinc* à 10 grammes pour 100 centimètres cubes ou *solution de sous-acétate de plomb* commerciale. Il est indispensable de vérifier si ces solutions contiennent de l'ammoniaque, ce qui est exceptionnel.

6° *Solution de sel de Seignette.* — On dissout 50 grammes de sel de Seignette pur (tartrate de potasse et de soude) dans 100 centimètres cubes d'eau distillée. Tous les sels de Seignette du commerce, même ceux vendus comme en étant exempts, contiennent des quantités d'ammoniaque quelquefois assez importantes. Lorsque la proportion est faible il suffit d'ajouter à 100 centimètres cubes de solution 5 centimètres cubes de réactif de Nessler ; il se forme un précipité qui se dépose. On décante la liqueur claire qui ne doit plus se colorer par une nouvelle addition de réactif.

Si la quantité d'ammoniaque est forte, on ajoute à la solution de sel de Seignette 10 centimètres cubes de lessive de soude ; on fait bouillir jusqu'à ce qu'on n'obtienne plus de coloration avec le réactif de Nessler et on rétablit au volume primitif.

Nesslerisation. — Le dosage colorimétrique ne peut s'effectuer que sur une eau limpide et incolore, il est donc indispensable de clarifier et décolorer les eaux avant d'y verser le réactif. De plus, certains composés comme les sulfures agissant sur le réactif de Nessler, il est indispensable de les éliminer.

Il peut donc se présenter trois cas :

a) Lorsque l'eau est incolore, limpide et ne renferme pas de sulfures on peut faire agir directement le réactif de Nessler. On prévient la précipitation des sels alcalino-terreux par la soude du réactif en ajoutant 1 centimètre cube de solution de Seignette à 100 centimètres cubes d'eau à analyser.

b) Les eaux troubles ou légèrement colorées sont clarifiées et le plus souvent décolorées par la précipitation des sels alcalino-terreux obtenue par l'addition de 1 centimètre cube de solution alcaline à 100 centimètres cubes d'eau ; on laisse déposer ou on filtre si l'épreuve doit être immédiate ([1]).

c) Les sulfures sont éliminés par l'addition d'une solution d'acétate de zinc ou de plomb (1 centimètre cube de ces solutions pour 100 centimètres cubes d'eau).

Nous préférons l'acétate de plomb qui a l'avantage de précipiter aussi les sulfocyanates qui donnent une coloration avec le réactif de Nessler.

Il est indispensable de précipiter l'excès de ces sels par l'addition comme précédemment de la solution alcaline. On laisse déposer et on décante,

Nous recommandons, lorsque pour les eaux riches en sels alcalino-terreux ces sels n'ont pas été éliminés complètement par l'addition de la solution alcaline, d'ajouter à l'eau décantée de la solution de sel de Seignette, comme il a été dit plus haut.

La précipitation ne doit être effectuée que sur des eaux convenablement diluées; car le précipité lorsqu'il est abondant, peut entraîner de l'ammoniaque et celle-ci peut se dégager du liquide si l'eau en contient de fortes proportions.

Après avoir obtenu une eau limpide et incolore, on en prélève une quantité convenable, c'est-à-dire une quantité qui, portée à 50 centimètres cubes, donnera par addition de 1 centimètre cube de réactif de Nessler une coloration d'une intensité analogue à celle que l'on obtiendra en ajoutant à 50 centimètres cubes de solution type d'ammoniaque 1 centimètre cube de ce réactif.

Les colorations sont comparées au colorimètre après environ une heure et par une proportion on déduit la quantité d'ammoniaque par litre.

La coloration due à l'action de l'ammoniaque sur le réactif de Nessler croît dans les premiers moments de mélange, elle reste stationnaire un certain temps puis enfin décroît pour disparaître avec dépôt d'un précipité jaune. Aussi est-il indispensable de préparer un tube témoin avec la solution type, pour chaque série de dosages effectués au même moment. Pour la même raison, nous ne conseillons pas l'adoption d'une

---

([1]) On a aussi proposé d'ajouter à l'eau quelques gouttes d'une solution de sulfate de cuivre avant l'addition de la solution alcaline.

solution type stable comme par exemple la solution chlorhydrique de chlorure de platine à 2 grammes par litre.

Comme il n'est pas pos-
sible d'établir d'échelle colorimétrique comme pour
les nitrates, on doit comparer les colorations obtenues au colorimètre Du-
boscq (*fig.* 15).

Nous avons signalé, il
y a quelques années (¹), la
nécessité de ne faire agir
le réactif que sur des solutions d'ammoniaque d'une
teneur voisine de 2 milligrammes par litre. Nous
avons dit plus haut que,
lorsque l'ammoniaque est
en forte proportion dans
une eau, l'addition de réactif produit un précipité.
Mais, même aux doses où
le précipité n'apparaît pas
encore, les colorations ne
sont pas rigoureusement
proportionnelles à la te-

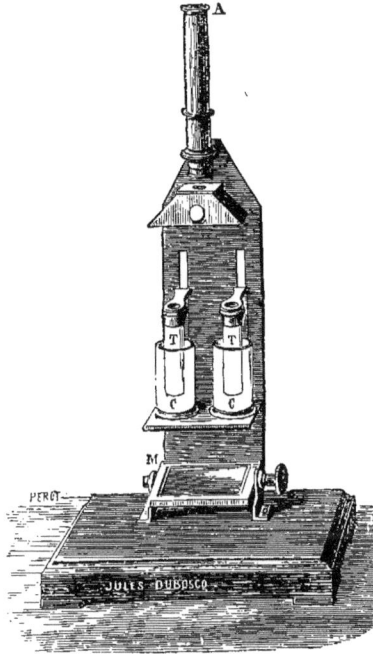

Fig. 15. — Colorimètre Duboscq.

neur en ammoniaque, comme le montre le tableau suivant :

Solution à	10ᵐᵍʳ par litre :	trouvé	9,28	erreur	— 0,72	
—	8	—	—	7,52	—	— 0,68
—	6	—	—	5,68	—	— 0,52
—	4	—	—	5,90	—	— 0,10
—	2	—	—	2,09	—	0
—	1	—	—	1,00	—	0
—	0,5	—	—	0,60	—	+ 0,10
—	0,2	—	—	0,32	—	+ 0,12

Pour établir ce tableau, nous avons comparé à la solution
type à 2 milligrammes d'ammoniaque par litre des solutions
contenant des quantités croissantes et décroissantes d'ammo-

(¹ *Revue d'hygiène*, 1901, page 968.

niaque. On voit que les erreurs ne sont pas négligeables, surtout lorsque le résultat doit être multiplié par un facteur plus ou moins important.

La méthode la plus défectueuse est celle qui a été proposée par certains auteurs et qui consiste à additionner l'eau d'une certaine quantité de réactif dans un tube et de produire une coloration identique dans un autre tube en ajoutant peu à peu au réactif dilué dans l'eau distillée une certaine quantité de solution titrée d'ammoniaque. L'incertitude du moment précis où il faut cesser toute addition enlève toute sécurité aux résultats.

Comparaison entre les deux méthodes. — Il est généralement admis que la méthode par distillation permet d'obtenir des résultats plus certains que la méthode colorimétrique. Il semble cependant, au moins pour les eaux résiduaires, qu'on accorde maintenant à cette dernière plus de confiance que par le passé.

Par la distillation de l'eau alcalinisée, on est assuré que toute l'ammoniaque distillera, mais il est reconnu aussi que l'ébullition en solution alcaline de certains composés azotés peut donner par leur décomposition partielle des quantités appréciables d'ammoniaque. Ainsi par la distillation nous avons obtenu avec les composés suivants :

Urée	5 0,0 d'Az H⁵		Glycocolle	2 0,0 d'Az H⁵
Acide urique	0,5	--	Asparagine	5 —
Acide hippurique	2	—	Allantoïne	1,5 —

De même *Phelps* [1] a obtenu de l'ammoniaque, dans les mêmes conditions, avec la gélatine, la caséine, l'albumine d'œuf, la peptone et la naphtylamine. Or, on sait qu'il existe dans les eaux résiduaires tous les produits de désintégration des matières albuminoïdes, depuis l'albumine jusqu'à l'ammoniaque, produits que nous connaissons fort mal, et qui étant très instables donnent, par l'ébullition en solution alcaline, des quantités d'ammoniaque au moins comparables, si non supérieures à celles que nous venons d'indiquer. Nous en avons du reste une preuve frappante par les nombres donnés par *Phelps*. Une eau d'égout décantée donna par distillation

[1] *Journal of infectious diseases*, 1904, p. 527.

$18^{mg},8$ d'ammoniaque par litre, la même eau filtrée soigneusement au papier n'en donna plus que $17^{mg},5$. L'ammoniaque et ses sels sont très solubles dans l'eau et ne sont pas retenus par les filtres, la différence $1^{mg},3$ ne peut donc provenir que de la décomposition de matières azotées colloïdales en suspension dans l'eau.

Ceci explique qu'on trouve toujours les résultats obtenus par nesslérisation plus faibles que par distillation; la différence atteint en moyenne 10 pour 100 [1], mais, par nesslérisation directe sans précipitation, elle est souvent moindre. Ainsi la moyenne de 15 analyses de chaque échantillon nous a donné :

	Distillation. milligr.	Nesslérisation. milligr.
Eau d'égout décantée (non filtrée)	15,55 par litre	15,2 par litre
Effluent des fosses septiques.	16,89 —	15,1 —
Effluent du lit bactérien de 1er contact . .	8,59 —	8,45 —
— de 2e — .	4,84 —	4,19 —
— à percolation. . .	2,65 —	2,16 —

Ce qui donne une différence moyenne de 7,5 pour 100. Il est à remarquer à l'appui de notre thèse que c'est l'eau qui contient le plus de matières en voie de décomposition plus ou moins avancée, l'effluent des fosses septiques, qui fournit les nombres les plus différents.

Il faut d'autre part signaler que certains composés, les aldéhydes, les acétones, les sulfocyanates, ont une action sur le réactif de Nessler; ces derniers peuvent être facilement éliminés par précipitation au moyen de la solution d'acétate de plomb. Enfin, certaines eaux résiduaires industrielles ne peuvent être facilement décolorées. Dans ces deux cas il est indispensable d'avoir recours à la distillation.

Nous pensons donc que lorsque l'eau résiduaire ne contiendra pas de composés agissant sur le réactif de Nessler, autres que l'ammoniaque, ou lorsque ces composés pourront en être facilement éliminés, et lorsqu'on pourra facilement obtenir un liquide limpide et incolore, la méthode colorimétrique plus rapide devra être préférée à la méthode par distillation.

[1] Report of Committee of standard methods of water analysis. Chicago, 1905.

Nitrates.

Le dosage des nitrates peut s'effectuer par la méthode gazométrique, par la méthode par réduction ou par les méthodes colorimétriques.

I. **Méthode gazométrique**. — *Méthode de Schlœsing*. Cette méthode permet de doser exactement les nitrates, même dans le cas où les eaux renferment des matières organiques. Elle repose sur la transformation des nitrates en bioxyde d'azote, qu'on recueille et qu'on mesure, au moyen de l'action du proto-chlorure de fer et de l'acide chlorhydrique :

$$2\,AzO^5M + 6\,FeCl^2 + 8\,HCl = 2\,AzO + 5\,Fe^2Cl^6 + 4\,H^2O + 2\,MCl.$$

Dans les recherches précises, il est recommandé de recueillir le gaz sur le mercure, cependant, d'après Tiemann, on peut, sans rien enlever à l'exactitude de la méthode et en la rendant ainsi plus pratique, remplacer le mercure par une solution de soude bouillie.

Technique. — L'appareil (*fig.* 16) se compose d'un ballon A d'une contenance de 200 centimètres cubes environ, fermé par un bouchon en caoutchouc à deux trous par lesquels passent 2 tubes courbés en verre épais à lumière très étroite. Le tube *a b c* dépasse d'environ 2 centimètres le bouchon dans l'intérieur du ballon. Le tube *e f g* est coupé au contraire au ras de la face inférieure du bouchon. La partie inférieure de ce tube est recourbée pour s'engager dans l'éprouvette à gaz B de 25 centimètres cubes graduée par dixièmes de centimètre cube, plongeant dans la cuve C contenant de la lessive de soude à 10 pour 100, qui a été bouillie au préalable.

Le tube *a b c* est terminé par une pointe effilée qui plonge dans le verre D. Les deux tubes sont coupés en leur milieu et réunis par des tubes en caoutchouc à vide sur lesquels on place les pinces *p* et *p'*.

On a préparé au préalable une solution concentrée de proto-chlorure de fer contenant 100 grammes de ce sel dissous dans 100 centimètres cubes d'eau distillée additionnée de 50 centimètres cubes d'acide chlorhydrique pur.

Dans une capsule en porcelaine, on réduit par évaporation au bain-marie 500 centimètres cubes d'eau ou plus jusqu'à 50 centimètres cubes environ. On verse le résidu de l'évaporation dans une fiole jaugée de 100 centimètres cubes, on lave la capsule à l'eau distillée et avec les eaux de lavage on affleure en trait de jauge, on agite et on filtre. Nous recommandons cette manipulation, car on élimine

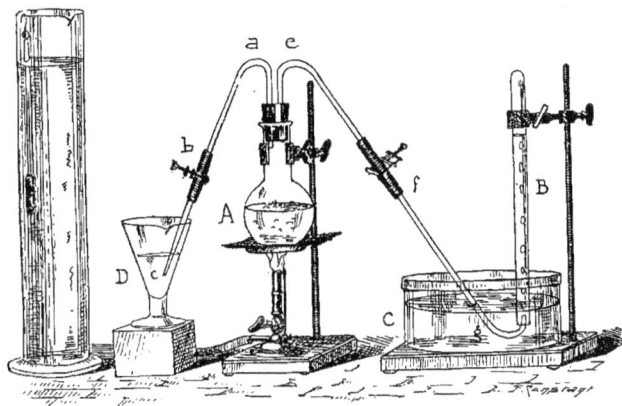

Fig. 16. — Appareil pour le dosage des nitrates.

ainsi la plus grande partie des carbonates alcalino-terreux qui cèdent l'acide carbonique pendant le dosage, cet acide saturant inutilement la lessive de soude contenue dans l'éprouvette.

Dans le ballon de l'appareil, on mesure 50 centimètres cubes du filtrat ou moins s'il y a plus de 100 milligrammes d'acide azotique par litre et les pinces p et p' étant ouvertes, on porte à l'ébullition. Lorsqu'il ne reste plus dans le ballon que 15 à 20 centimètres cubes, on plonge l'extrémité g dans la cuve C et on constate que la vapeur se condense dans le liquide alcalin sans dégagement de bulles d'air. Dans le petit verre D on verse 20 à 25 centimètres cubes de la solution de protochlorure de fer et on y plonge l'extrémité c. On serre alors les pinces et de part et d'autre le liquide doit remplir les tubes

jusqu'aux pinces. On retire le brûleur et on laisse refroidir le
ballon quelques minutes, le vide s'y produit. On ouvre alors
avec précaution la pince p et on fait entrer 15 à 20 centimètres
cubes de la solution de fer, puis par petites quantités à la
fois environ le même volume d'acide chlorhydrique pur de
façon que la solution ferreuse soit chassée du tube $a\ b\ c$.
On chauffe alors doucement et de temps à autre on ouvre
avec précaution la pince p' pour s'assurer s'il n'y a pas de
pression à l'intérieur du ballon. Dans ce cas, on ouvre progressivement la pince et on recueille le gaz dans l'éprouvette C. A la fin de l'opération on chauffe un peu plus fort
jusqu'à ce que le volume de gaz n'augmente plus dans
l'éprouvette. On ferme alors l'éprouvette C avec le pouce,
on agite le liquide avec le gaz et on la transporte dans une
cuve à eau ou une large éprouvette à pied pleine d'eau à
15-18 degrés.

On s'assure que tout l'acide carbonique a été absorbé par
la solution alcaline; pour cela on introduit dans l'éprouvette
à gaz une pastille de potasse caustique et sortant l'éprouvette
de l'eau on l'agite pendant quelque temps avec l'eau alcaline.
Le volume du gaz après cet essai ne doit pas avoir varié : s'il
a diminué, recommencer l'essai jusqu'à invariabilité.

Après quelques minutes, on note le volume du gaz, la température de l'eau et la pression atmosphérique. On ramène le
volume à zéro et à la pression de 760 millimètres en tenant
compte de la tension de vapeur de l'eau par la formule suivante :

Soit n le nombre de centimètres cubes de gaz trouvé à la
lecture,

H la pression atmosphérique,

e la tension de vapeur d'eau à t°,

α le coefficient de dilatation des gaz (0,00367),

t la température de l'eau,

$$\text{N le volume de gaz corrigé} = \frac{n \times \frac{\text{H} - e}{760}}{1 + \alpha t} \quad (^1).$$

(¹) On peut si l'on n'a pas de baromètre précis, faire au même moment
un dosage avec une solution titrée de nitrate alcalin et calculer par comparaison.

TEMPÉRATURE	TENSION	TEMPÉRATURE	TENSION
5	6,471	16	13,519
6	6,959	17	14,409
7	7,456	18	15,551
8	7,964	19	16,545
9	8,525	20	17,596
10	9,126	21	18,505
11	9,751	22	19,675
12	10,421	23	20,909
13	11,130	24	22,211
14	11,882	25	23,582
15	12,677	26	25,026

On obtient ensuite le poids d'acide azotique anhydride Az^2O^5 en milligrammes en multipliant N par 2,443 puis par un facteur convenable suivant la quantité d'eau ayant servi au dosage pour ramener à la proportion par litre.

Si l'eau renferme des nitrites, l'acide nitreux est obtenu par cette méthode comme acide azotique, on retranchera pour chaque partie d'acide nitreux dosé d'autre part 1,421 partie d'acide azotique du résultat trouvé pour les nitrates.

Méthode de Müntz. — La méthode de dosage des nitrates la plus précise est celle de Müntz; elle permet d'apprécier avec une grande exactitude des quantités très petites de nitrites ou de nitrates, ou des mélanges de ces deux sels[1].

Les dosages se font d'après la méthode de Schlœsing, qui consiste à transformer les nitrates en bioxyde d'azote qu'on recueille et qu'on mesure sur le mercure. Pour doser les nitrites, on se base sur ce fait que ces sels, chauffés avec du sulfate ferreux, se décomposent intégralement en donnant du bioxyde d'azote. Dans ces conditions, les nitrates ne sont pas attaqués. Si on additionne alors le liquide d'acide chlorhydrique quand les nitrites sont détruits, les nitrates sont décomposés à leur tour, et tout l'azote qu'ils contiennent se dégage à l'état de bioxyde d'azote. Il suffit donc, en pratique, d'introduire d'abord dans le ballon du sulfate ferreux au contact de la liqueur dans laquelle on veut doser les nitrites;

---

[1] Nous empruntons la description de cette méthode au travail de Boullanger et Massol sur les microbes nitrificateurs, *Annales de l'Institut Pasteur*, 1905, p. 492.

on chauffe, et on recueille le bioxyde d'azote dans une première cloche. Cette réaction s'achève très rapidement. Quand le dégagement de gaz a cessé, on change de cloche et on fait arriver de l'acide chlorhydrique au contact du liquide. Les nitrates sont décomposés à leur tour, et on recueille le bioxyde d'azote dans la deuxième cloche. On obtient ainsi séparément, mais dans une même opération, le bioxyde d'azote correspon-

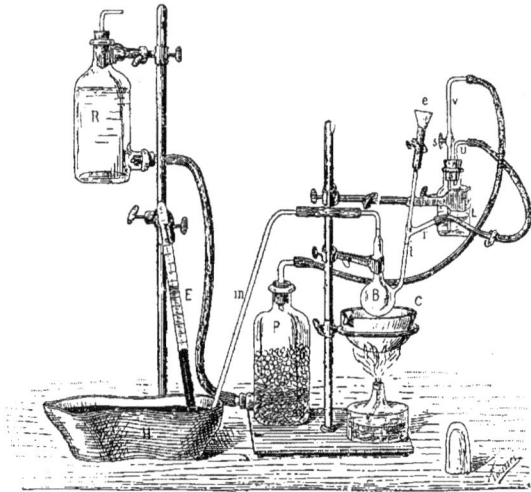

Fig. 17. — Appareil de Müntz pour le dosage des nitrates.

dant aux nitrites et aux nitrates, et on en déduit la proportion de ces sels présente dans la liqueur.

L'appareil qui sert pour ces dosages est l'appareil Schlœsing, légèrement modifié (*fig.* 17).

Le petit ballon B, dans lequel s'effectuent les réactions, contient seulement environ 30 à 35 centimètres cubes. La tubulure supérieure sert au dégagement des gaz et est reliée au tube abducteur *m* qui s'ouvre sous la cuve à mercure H. Au centre du ballon se trouve une deuxième tubulure, qui porte un tube vertical assez fin. Ce tube *t* se bifurque bientôt en donnant deux branches : l'une est reliée par un fort caoutchouc muni d'une pince à un très petit entonnoir *e* qui sert à l'introduction des liquides ; l'autre *r* est reliée à un appareil

continu RP producteur d'acide carbonique. Le chauffage
s'opère en plongeant le petit ballon dans un bain c de paraffine ou d'alliage de Wood, maintenu à la température voulue
par une lampe à alcool. Ce mode de chauffage est très pratique, car il empêche la surchauffe et les absorptions qui
arrivent parfois avec le chauffage direct par la lampe à alcool.
En outre, le support du bain d'alliage porte un manche en
bois pour abaisser ou élever facilement ce bain ; on peut ainsi
produire à volonté dans l'appareil de légères dépressions qui
permettent d'introduire sans difficulté les liquides par le petit
entonnoir pendant l'opération.

Voici comment s'exécute l'analyse. Il faut d'abord amener
le liquide au point de concentration voulu. Quand il s'agit de
doser seulement les nitrites, il n'est pas nécessaire de beaucoup concentrer, la réaction se produisant très bien en milieu
étendu. Ce fait a une certaine importance, car certains nitrites,
comme le nitrite de magnésium, sont très instables, et leurs
solutions se décomposent déjà partiellement à 100°. Pour les
nitrates, il est nécessaire de concentrer de manière à avoir,
sous un volume de quelques centimètres cubes, 10 à 20 milligrammes de nitrate. La liqueur d'essai est introduite par le
petit entonnoir dans le ballon. On lave à plusieurs reprises
avec quelques gouttes d'eau distillée, puis on chasse l'air de
l'appareil en laissant arriver un courant d'acide carbonique.
Cette opération effectuée, on place sur le tube abducteur, qui
plonge dans la cuve à mercure, une cloche de 25 centimètres
cubes graduée au 1/10, dans laquelle on a introduit 3 à 4 centimètres cubes d'une solution de potasse à 39-40° Baumé. On
s'assure qu'il n'y a plus d'air dans l'appareil en faisant passer
encore deux ou trois bulles de gaz carbonique, qui doivent
être entièrement absorbées par la potasse. On fait alors entrer
dans l'appareil par le petit entonnoir, en produisant une
légère dépression, 1 à 2 centimètres cubes d'une solution
saturée de sulfate ferreux. On lave à plusieurs reprises et on
chauffe le bain d'alliage. Le bioxyde d'azote se dégage. Quand
le dégagement gazeux paraît terminé, on fait passer bulle à
bulle, sans arrêter l'ébullition, un courant de gaz carbonique
pour balayer l'appareil et entraîner tout le bioxyde d'azote.
On enlève cette première cloche.

On place alors sur le tube abducteur une deuxième cloche, puis, en abaissant un peu le bain d'alliage, on crée une légère dépression et on fait arriver par le petit entonnoir 2 à 3 centimètres cubes d'acide chlorhydrique. On plonge de nouveau le ballon dans le bain d'alliage, et le bioxyde d'azote des nitrates se dégage à son tour. L'appareil est balayé à la fin, comme précédemment, par un courant de gaz carbonique.

On obtient ainsi deux cloches à gaz qu'on plonge dans une petite cuve à mercure profonde pour les mettre en équilibre de température avec le mercure qui les entoure, et pour permettre à la potasse d'achever d'absorber l'acide carbonique. On amène alors le mercure au même niveau dans les cloches et dans la cuvette, afin de n'avoir comme contre-pression que la colonne de potasse. On note le volume de gaz, la température, la hauteur de la colonne de potasse et la pression barométrique. Pour les calculs, on admet que la tension de vapeur de la solution de potasse est sensiblement égale aux deux tiers de la tension de vapeur d'eau à la même température, et que sa densité est dix fois moindre que celle du mercure, c'est-à-dire qu'une colonne de 4 centimètres de potasse correspond à une colonne de mercure de 4 millimètres. Il suffit alors de ramener les volumes gazeux à 0° et à 760 millimètres et on en déduit le nitrite et le nitrate correspondants.

Voici un exemple de calculs :

Volume de gaz obtenu	Pour le nitrite .	2^{cc},55
	Pour le nitrate .	9^{cc},6
Température t		21^0
Pression H corrigée et réduite à 6°		765^{mm},8
Hauteur h de la colonne de potasse .	Pour le nitrite .	42^{mm}
	Pour le nitrate .	55^{mm}
Pression du gaz dans la cloche	Pour le nitrite .	747^{mm},5
$H - \frac{1}{10}h - \frac{2}{3}ft$	Pour le nitrate .	746^{mm},2
(f tension de la vapeur d'eau à la température t).		
Volume de gaz réduit à 0° et à 760^{mm} .	Pour le nitrite .	2^{cc},55
	Pour le nitrate .	8^{cc},75
Sels correspondants	Nitrite de soude . . .	7^{mgr},18
	Nitrate de soude . . .	55^{mgr},24

MÉTHODES PAR RÉDUCTION. — Lorsqu'une solution de nitrate ou de nitrite est soumise à l'action d'un agent réducteur, comme l'hydrogène naissant, ces composés sont réduits en nitrites, en hydroxylamine, puis en ammoniaque. Cette production d'hydrogène naissant peut être obtenue soit par le couple zinc-cuivre en solution acide, soit par l'aluminium en solution alcaline. Il est recommandé de chasser l'ammoniaque que peut contenir l'eau, en l'évaporant en présence de quelques centimètres cubes de lessive de soude exempte de nitrates [1].

Cette méthode, employée en Angleterre, ne s'est généralisée ni sur le continent ni en Amérique: elle est assez longue et ne donne pas toujours d'excellents résultats.

MÉTHODES COLORIMÉTRIQUES [2]. — *Noll* a basé une méthode de dosage sur la coloration rouge bien connue que prend la brucine lorsqu'un nitrate est décomposé par l'acide sulfurique. Nous lui préférons la méthode suivante.

Procédé Granval et Lajoux. — Il est basé sur la formation d'acide picrique par l'action de l'acide nitrique sur l'acide phénique en présence d'acide sulfurique. Par addition d'ammoniaque, on produit ensuite du picrate d'ammoniaque dont la coloration est très intense. Ce procédé, employé au laboratoire du Comité supérieur d'Hygiène de France, est commode et très rapide.

En présence de quantités notables de matières organiques, la carbonisation partielle de celles-ci par l'acide sulfurique donne une coloration brune qui gêne la comparaison. Mais cet inconvénient n'existe qu'avec les eaux brutes ou les effluents des fosses septiques qui ne contiennent, le plus souvent, que des traces très faibles de nitrates.

Les chlorures, lorsqu'ils sont abondants, peuvent aussi fausser les résultats. On évite cette erreur en les précipitant au préalable par un léger excès de sulfate d'argent.

RÉACTIFS. — 1° *Réactif sulfophénique.* — On dissout avec précaution 15 grammes d'acide phénique neigeux dans 185 grammes d'acide sulfurique pur, en évitant l'élévation de température.

2° *Solution titrée de nitrate de potassium.* — On dissout $0^{gr},956$ de ce sel dans un litre d'eau distillée. 10 centimètres

---

[1] Pour plus de détails, voir Fowler, *Sewage works analysis*, page 68.
[2] On peut aussi citer parmi ces méthodes, la décoloration de l'indigo proposée par Boussingault, méthode modifiée depuis par Rideal.

cubes de cette solution contiennent 5 milligrammes d'Az^2O^5.

3° *Solution d'ammoniaque au tiers.*

4° *Solution de sulfate d'argent pur à $4^{gr},40$ pour 100.* — 1 centimètre cube de cette solution précipite $0^{gr},01$ de chlore. Le sulfate d'argent doit toujours être essayé par un dosage à blanc pour voir s'il ne contient pas de nitrates, ce qui n'arrive pas habituellement.

Dosage. — Dans une petite capsule en porcelaine, on mesure 10 centimètres cubes de la solution titrée de nitrate de potassium, on évapore au bain-marie et, après dessiccation et refroidissement, on ajoute 1 centimètre cube de réactif sulfophénique. On mélange bien exactement le résidu avec le réactif et on ajoute 5 centimètres cubes d'eau distillée, puis 10 centimètres cubes d'ammoniaque au tiers. On verse le liquide jaune ainsi obtenu dans une fiole jaugée de 500 centimètres cubes. et après avoir rincé à plusieurs reprises la capsule à l'eau distillée, on complète le volume à 500 centimètres cubes. On a ainsi une solution type à 10 milligrammes d'Az^2O^5 par litre. C'est cette solution qui va servir à établir une *échelle colorimétrique.*

Dans une série de dix tubes de même diamètre posés sur un support (fig. 18), on mesure 1 à 10 centimètres cubes de la solution type, puis on amène par addition d'eau distillée le volume dans chaque tube à 50 centimètres cubes. Les tubes contiennent donc les colorations qu'on obtiendrait avec des solutions contenant de 1 à 10 milligrammes d'Az^2O^5 par litre.

Pour doser les nitrates dans l'eau à analyser, on en mesure 10 centimètres cubes dans une capsule; on précipite les chlorures (dosés au préalable) par un léger excès de sulfate d'argent, et on évapore au bain-marie. Après dessiccation et refroidissement, on ajoute le réactif sulfophénique, puis l'ammoniaque comme ci-dessus, et on porte le volume de la solution à 50 centimètres cubes.

On verse ces 50 centimètres cubes dans un tube semblable à ceux de l'échelle colorimétrique, et on compare la coloration avec celles de cette échelle qui est placée devant un écran blanc. On peut aussi faire la comparaison au colorimètre, mais nous préférons la méthode que nous venons de décrire. On obtient ainsi très facilement et très rapidement

des résultats comparables à ceux fournis par la méthode gazométrique. Le procédé ne permet pas de doser moins de
1 milligramme par litre; pour des quantités moindres, il suf-
firait d'évaporer un plus grand volume d'eau, mais cela n'a

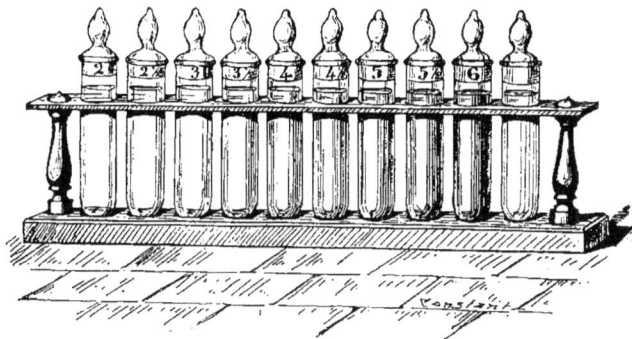

Fig. 18. — Colorimètre pour le dosage des nitrates et des nitrites.

aucun intérêt le plus souvent. Lorsque la coloration est plus
intense que celle du tube colorimétrique de 10 milligrammes
on opère des dilutions convenables.

On admet généralement d'exprimer les résultats en anhydride azotique Az^2O^5.

Nitrites.

La proportion de nitrites qu'on rencontre habituellement
dans les eaux est très faible. Ces composés se forment transi-
toirement pendant la nitrification et donnent aussitôt des
nitrates; aussi n'en décèle-t-on le plus souvent que des traces
ou quelques milligrammes (jusque 3 ou 4) par litre.

Nous avons donné plus haut la méthode gazométrique de
Müntz, qui n'est applicable que lorsque la quantité de nitrites
est assez importante et pour des recherches scientifiques de
laboratoire.

Parmi les méthodes colorimétriques, on a d'abord proposé
l'emploi du réactif *acéto-phénique* avec la même technique que
le procédé Grandval et Lajoux, mais nous n'en avons pas
obtenu de bons résultats.

La *méthode de Griess* qui est basée sur la coloration obtenue avec des solutions acides d'acide sulfanilique et de naphtylamine ne nous semble pas préférable à la méthode suivante.

MÉTHODE A LA MÉTAPHÉNYLÈNE-DIAMINE. — En présence d'acide nitreux mis en liberté par l'acide sulfurique, le chlorhydrate de métaphénylène-diamine donne une coloration rouge orange plus ou moins intense, suivant la quantité de nitrites.

RÉACTIFS. — 1° *Solution de chlorhydrate de métaphénylène-diamine à 1 pour* 100. — Cette solution se colore très rapidement à la lumière, aussi doit-on la conserver dans des flacons jaunes et la décolorer soigneusement par le noir animal au moment de l'emploi.

2° *Acide sulfurique pur*.

3° *Solution titrée de nitrite*. — On dissout dans 500 centimètres cubes d'eau distillée $0^{gr},406$ de nitrite d'argent pur; on en précipite l'argent par un léger excès de chlorure de sodium pur, et on porte à un litre. On laisse déposer et on décante. 10 centimètres cubes de cette solution renferment 1 milligramme d'Az^2O^5.

DOSAGE. — On commence par établir, comme pour le dosage des nitrates, une échelle colorimétrique. Cette échelle est ici indispensable, car la coloration n'est pas directement proportionnelle à la quantité de nitrites, mais suit une progression croissante des solutions faibles aux solutions plus riches. Comme pour l'ammoniaque, les solutions très riches sont précipitées par le réactif.

Pour établir cette échelle colorimétrique, on prépare d'abord avec la solution type des solutions contenant de 1 à 10 milligrammes d'Az^2O^5 par litre. A 50 centimètres cubes de chacune de ces solutions, on ajoute 1 centimètre cube de solution de métaphénylène-diamine, 5 gouttes d'acide sulfurique, et on mélange. La coloration atteint son maximum au bout d'une heure. On garde ces solutions dans une série de tubes colorimétriques à l'abri de la lumière.

Dans des tubes semblables on traite les eaux à essayer par les mêmes réactifs et, après une heure, on compare les colorations obtenues avec celles de l'échelle colorimétrique. Si ces colorations sont trop intenses pour être comparées, on opère de nouveau sur des solutions plus étendues.

Pour plus de précision, on peut s'astreindre à n'employer que des solutions capables de fournir des colorations très voisines de celle obtenue avec une solution type à 2 milligrammes d'Az^{2}O^5 par litre, et les comparer au colorimètre comme pour le dosage de l'ammoniaque par la méthode de Nessler.

On ne peut comparer facilement deux colorations que si l'un et l'autre liquides sont limpides; aussi lorsque l'eau à examiner est trouble il convient de la clarifier. Pour cela on peut soit l'agiter avec un peu de gelée d'aluminate de fer, soit la précipiter avec une solution d'alun et une solution de soude; un centimètre cube de chacune de ces solutions normales-décimes suffisent, et on filtre.

Les résultats sont exprimés en Az^{2}O^5, anhydride azoteux, par litre.

Oxygène dissous.

Cette détermination n'est intéressante que pour les eaux épurées. Elle constitue, en effet, un témoignage qu'il existe dans l'eau un élément capable de favoriser l'oxydation des dernières traces de matières organiques qui peuvent avoir échappé à l'action des germes aérobies des lits bactériens.

Plus que tous les autres dosages, celui de l'oxygène dissous doit être effectué sur les lieux mêmes, et si cela ne se peut, l'échantillon sera additionné de quelques gouttes de solution saturée de bichlorure de mercure.

La *méthode de Lévy*, si élégante et si précise pour les eaux potables, ne peut pas le plus souvent être employée pour les effluents de l'épuration biologique. En effet, elle repose sur l'emploi d'une solution de permanganate qui est décomposé, comme nous l'avons vu, par les matières organiques et par les nitrites, ces derniers quelquefois assez abondants dans ces effluents.

La *méthode de Thresh* est très employée en Angleterre; elle repose sur la réaction suivante : Sous l'action combinée du nitrite de soude, de l'iodure de potassium et de l'acide sulfurique, il se forme du bioxyde d'azote qui se combine à l'oxygène pour donner de l'anhydride azoteux Az^2O^5. Ce dernier décompose l'iodure de potassium et met l'iode en liberté, iode qu'on dose avec une solution d'hyposulfite de soude. Cette méthode qui, paraît-il, donne des résultats satisfaisants, nous semble trop délicate pour un emploi fréquent.

La *méthode de Winkler*, employée en Allemagne, diffère de la précédente.

Si, dans une eau contenant de l'oxygène dissous, on précipite par un alcali un sel manganeux, l'oxygène se fixe sur l'oxyde manganeux qu'il transforme en acide manganique. Ce dernier redissous par l'acide chlorhydrique donne le chlorure manganique Mn^2Cl^6 qui se décompose immédiatement en $MnCl^2$ et $2Cl$. Le chlore agit alors sur l'iodure de potassium en mettant en liberté l'iode qu'on dose à l'hyposulfite de soude. Ces diverses réactions sont les suivantes :

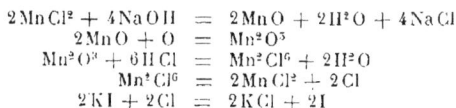

$$
\begin{aligned}
2MnCl^2 + 4NaOH &= 2MnO + 2H^2O + 4NaCl \\
2MnO + O &= Mn^2O^3 \\
Mn^2O^3 + 6HCl &= Mn^2Cl^6 + 2H^2O \\
Mn^2Cl^6 &= 2MnCl^2 + 2Cl \\
2KI + 2Cl &= 2KCl + 2I
\end{aligned}
$$

Nous avons trouvé cette méthode plus simple que la précédente et nous l'avons légèrement modifiée.

RÉACTIFS. — 1° *Solution de chlorure de manganèse à* 10 *grammes pour* 100 *centimètres cubes d'eau.*

2° *Solution alcaline d'iodure de potassium.* — On dissout 10 grammes d'iodure de potassium et 55 grammes de soude caustique dans l'eau distillée et on complète à 100 centimètres cubes.

3° *Acide sulfurique dilué au demi en volume.*

4° *Solution titrée d'hyposulfite de soude.* — $5^{gr},1$ de sel cristallisé ou $1^{gr},975$ de sel anhydre sont dissous dans un litre d'eau distillée. Un centimètre cube de la solution correspond à $0^{mgr},1$ d'oxygène.

5° *Solution d'iode.* — A cette solution contenant $1^{gr},5875$ d'iode par litre doit correspondre la solution précédente qu'elle sert à titrer.

TECHNIQUE. — Dans la méthode allemande, les réactions

s'opèrent dans un flacon bouché à l'émeri, nous préférons de beaucoup employer la pipette de *Lévy* (*fig.* 19) qui permet un dosage plus facile et plus rapide.

La pipette de *Lévy* se compose d'un réservoir de 200 centimètres cubes de capacité, fermé par deux robinets, le robinet supérieur est surmonté d'un petit entonnoir cylindrique, le robinet inférieur est terminé par un tube court.

On remplit la pipette en la plongeant, les deux robinets étant ouverts, dans l'eau à analyser. L'eau ne doit pas être agitée à l'air, ce qui augmenterait sa teneur en oxygène. Le remplissage par aspiration, par suite de la diminution de pression peut donner des pertes de gaz dissous.

Le réservoir étant rempli, la pipette est posée verticalement dans un support, la pointe inférieure plongeant dans une capsule contenant 2 centimètres cubes d'acide dilué. Dans l'entonnoir supérieur, on verse 2 centimètres cubes de solution de chlorure de manganèse; on ouvre le robinet supé-

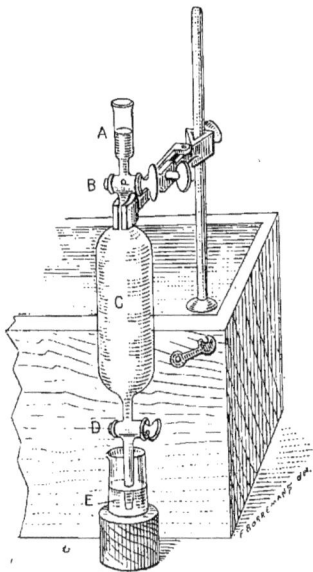

Fig. 19. — Pipette de Lévy pour le dosage de l'oxygène dissous.

rieur, puis avec précaution le robinet inférieur pour faire pénétrer la solution, en évitant l'introduction de bulles d'air. On lave l'entonnoir à l'eau distillée, on le sèche avec du buvard et on y verse 2 centimètres cubes de solution alcaline qu'on fait passer dans le réservoir en opérant de même. Les réactions se produisent, il est souvent utile d'agiter. Après quelques minutes, on mesure dans l'entonnoir 4 centimètres cubes d'acide sulfurique dilué et on ouvre le robinet supérieur. L'acide, en vertu de sa densité, descend dans la pipette, la dissolution du précipité s'opère et le liquide se colore en jaune brun d'iode. On laisse écouler le liquide dans un vase à précipiter, on lave la burette et la capsule avec de l'eau distillée et on dose l'iode avec la solution titrée d'hyposulfite de soude, en employant l'empois d'amidon comme indicateur.

Winkler avait proposé une correction à faire subir au nombre donné lorsque l'eau contient des matières organiques. Il conseillait d'opérer de la manière suivante :

Dans un grand ballon on mesure 2 centimètres cubes de la solution de chlorure manganeux à 50 pour 100, 2 centimètres cubes de lessive de soude à 40 pour 100 et 20 centimètres cubes d'eau distillée. On agite jusqu'à ce que le précipité soit coloré en brun, et on ajoute 50 centimètres cubes d'acide chlorhydrique concentré, puis 300 centimètres cubes d'eau.

A 100 centimètres cubes d'eau à analyser, on mélange 25 centimètres cubes de la solution précédente et on laisse agir 5 minutes. On ajoute alors 10 centimètres cubes de solution d'iodure de potassium à 5 pour 100 et on titre l'iode mis en liberté.

On effectue la même opération sur 100 centimètres cubes d'eau distillée. La différence des deux titrages représente l'oxygène qu'il faut ajouter au dosage primitif.

D'après les essais de *H. Noll* cette correction peut être négligée, si ce n'est pour les eaux très chargées en matières organiques comme les eaux d'égout.

Chlorures.

Le dosage des chlorures s'effectue par la méthode volumétrique.

MÉTHODE DE MOHR. — Elle consiste à précipiter le chlore à l'état de chlorure d'argent par une solution titrée de nitrate d'argent en présence de chromate neutre de potassium comme indicateur. Lorsque tout le chlore est précipité, il se forme du chromate d'argent brun rouge qui annonce la fin de la réaction.

RÉACTIFS. — 1° *Solution titrée de nitrate d'argent contenant* 4^{gr},794 *de sel pur fondu par litre.* — L'azotate d'argent est ordinairement fourni très pur par le commerce et la solution peut être employée directement sans vérification. Cependant dans les cas douteux ou si la solution est de préparation ancienne, il est utile de la titrer avec la solution suivante. 1 centimètre cube de la solution d'argent doit précipiter 1 milligramme de chlore.

2° *Solution titrée de chlorure de sodium contenant* 1^{gr},6497 *de sel pur fondu par litre*. — Cette solution contient 1 milligramme de chlore par centimètre cube et correspond exactement à la solution d'argent.

3° *Solution de chromate neutre de potassium pur à* 5 *pour* 100. — Ajouter du nitrate d'argent jusqu'à production du précipité rouge et filtrer.

DOSAGE. — Il est indispensable de s'assurer d'abord si l'eau n'est pas acide, et si elle ne contient pas de sulfures.

Les eaux acides seront neutralisées par une solution de soude ne contenant pas de chlorures, ou par quelques gouttes d'ammoniaque en ayant soin d'en chasser l'excès par ébullition.

Les sulfures précipitent les sels d'argent, ils sont souvent en trop faible quantité pour affecter sérieusement les résultats, cependant on peut les éliminer par ébullition.

Les eaux très impures et très colorées sont traitées par le permanganate de potasse; s'il y a un excès de ce réactif après ébullition, on le détruit par quelques gouttes d'alcool et on filtre. Lorsqu'on a employé une grande quantité de permanganate, l'eau est alcaline, on la neutralise avec quelques gouttes d'acide sulfurique pur. On peut aussi décolorer en chauffant jusqu'au point d'ébullition l'eau avec un peu de gelée d'alumine, décanter ou filtrer après refroidissement.

On mesure dans une fiole conique 50 centimètres cubes d'eau à analyser, ou moins si la quantité de chlorures est très forte, additionnée de 3 ou 4 gouttes de solution de chromate. D'une burette à robinet contenant la solution filtrée d'argent, on laisse tomber celle-ci goutte à goutte en agitant. Il se produit d'abord un précipité blanc, puis une coloration rouge qui disparaît par agitation. Lorsqu'on obtient une coloration jaune orange persistante le titrage est terminé. Le nombre de centimètres cubes de solution d'argent employés, multiplié par 20, donne en milligrammes la quantité de chlore contenue dans l'eau.

Remarque. — Dans les eaux d'égout des villes on peut trouver des sulfocyanates provenant des eaux résiduaires des usines à gaz, ces sels sont dosés comme chlorures. Leur quantité est en général extrêmement faible et n'affecte pas les résultats, nous verrons plus loin les réactions pour les reconnaître.

Les chlorures se trouvent toujours en quantités plus ou moins importantes dans les eaux d'égout, car parmi les excreta que ces eaux entraînent, se trouve l'urine qui en contient de fortes proportions. Certaines eaux résiduaires industrielles, décapage des métaux et galvanoplastie, contiennent du chlorure ferreux; les chlorures sont aussi employés en teinture et rejetés avec les bains usés. Enfin, occasionnellement, lorsque le sel est employé pour faire fondre la neige, le taux de chlorure augmente d'une façon anormale.

Les chlorures ne sont modifiés par aucun procédé de purification, cependant ils peuvent, par cela même, caractériser une eau, ce qui permet, jusqu'à un certain point, de la suivre par toutes les opérations qu'elles subissent pour l'épuration.

La proportion de chlorures, dans les eaux d'égout purement domestiques peut permettre d'en juger la pollution même dans un effluent épuré. *Rideal*[1] a montré qu'il pouvait y avoir une relation entre le chlore et l'azote total. Dans les excreta parfaitement frais, solides et liquides, le poids d'azote total excède plus ou moins celui du chlore. Cette proportion ne change pas par la dilution d'une eau contenant ordinairement peu de chlore. Le rapport est :

$$R = \frac{\text{azote} \times 100}{\text{chlore}}.$$

Dans les excreta dilués ce rapport sera supérieur à 100, pour les eaux d'égout fraîches, il sera voisin de 100. Pour les effluents épurés, le rapport est toujours moindre par suite du dégagement d'une partie de l'azote à l'état de gaz, cette diminution sera plus faible dans les effluents bien nitrifiés.

Ce rapport ne peut pas s'appliquer aux eaux d'égout contenant principalement ou uniquement des eaux résiduaires industrielles.

[1] *Sewage and bacterial epuration of sewage*, page 47.

Chlore libre et acide hypochloreux.

Le chlore libre et plus souvent l'acide hypochloreux combiné aux bases alcalines ou alcalino-terreuses sont des produits employés dans un grand nombre d'industries; aussi peut-on les rencontrer dans les eaux résiduaires qu'elles rejettent.

L'odeur suffit souvent pour déceler la présence du chlore, on en a la preuve cependant en ajoutant quelques cristaux d'iodure de potassium à l'eau acidulée par l'acide chlorhydrique, l'iode est mis en liberté, et on le met en évidence en agitant l'eau ainsi traitée avec du chloroforme qui dissout l'iode en se colorant en violet améthyste. Une autre réaction permet aussi de le reconnaître, c'est la coloration violette, puis jaune que prend l'eau traitée par quelques gouttes de solution aqueuse d'aniline, acidulée par l'acide azotique.

Le procédé de dosage employé dans ce cas n'est pas absolument rigoureux, mais il est suffisant pour les eaux résiduaires. On prend 100 à 500 centimètres cubes d'eau à analyser, on y ajoute un excès d'iodure de potassium (environ 1 gramme) et on acidifie par l'acide chlorhydrique. On titre l'iode mis en liberté par une solution d'hyposulfite de soude, avec l'empois d'amidon comme indicateur.

La solution d'hyposulfite à $24^{gr},8$ par litre, doit correspondre à la solution décinormale d'iode à $12^{gr},7$ par litre, un centimètre cube correspond à $5^{mgr},54$ de chlore.

Hydrogène sulfuré et sulfures.

La présence de l'hydrogène sulfuré, de règle dans la plupart des eaux d'égout, y est décelée le plus souvent par l'odeur caractéristique qu'il dégage, odeur sensible même lorsqu'il s'y trouve à l'état de traces.

Pour rechercher qualitativement l'hydrogène sulfuré, on traite l'eau par la solution de soude et carbonate de soude dont la formule a été donnée pour le dosage de l'ammoniaque, et à la liqueur filtrée on ajoute une solution alcaline d'acétate de plomb, on obtient une coloration jaune, brune ou noire suivant la proportion de sulfures. Dans les mêmes conditions, le nitroprussiate de soude donne une coloration verte.

La solution alcaline de plomb se prépare en ajoutant à une solution à 10 pour 100 d'acétate de plomb, de la lessive de soude jusqu'à ce que le précipité qui se produit d'abord, se soit redissous.

On peut aussi faire bouillir 250 centimètres cubes d'eau dans un matras dont le col est coiffé d'un papier à l'acétate de plomb mouillé; s'il y a de l'hydrogène sulfuré, le papier noircit. Si on ajoute à l'eau 5 centimètres cubes d'acide chlorhydrique étendu, on en chasse l'hydrogène sulfuré combiné qu'on reconnaît par le noircissement du papier.

Le procédé de dosage, imaginé par Dupasquier, est basé sur la décomposition de l'hydrogène sulfuré et des sulfures solubles par l'iode d'après les réactions suivantes :

$$H^2S + I^2 = 2HI + S$$
$$K^2S + I^2 = 2KI + S$$

RÉACTIFS. — 1° *Solution titrée d'iode.* — On pèse 7^{gr}, 47 d'iode qu'on pulvérise avec 15 grammes d'iodure de potassium dans un mortier en verre; on ajoute de l'eau distillée peu à peu pour obtenir la dissolution, et on complète le volume à 1 litre. Cette solution doit être conservée dans des flacons en verre jaune à l'abri de la lumière. Un centimètre cube correspond à 1 milligramme d'hydrogène sulfuré H^2S.

2° *Solution d'hyposulfite.* — On dissout 15 grammes d'hyposulfite de soude dans l'eau distillée et on complète à 1 litre. Cette solution s'altère assez rapidement et doit être titrée au moment du dosage des sulfures.

3° *Empois d'amidon solution à 2 grammes par litre.*

DOSAGE. — On titre d'abord la solution d'hyposulfite. Pour cela on mesure dans un matras 10 centimètres cubes de la solution d'iode et on y ajoute avec une burette la solution d'hyposulfite. Vers la fin de l'opération, on ajoute quelques gouttes d'empois d'amidon qui colore en bleu et est bientôt décoloré par de nouvelles additions, goutte à goutte, de la solution d'hyposulfite.

Pour le dosage, on ajoute à 50 ou 100 centimètres cubes d'eau, 10 centimètres cubes de la solution d'iode, on mélange et, après quelques minutes, on titre à l'hyposulfite. La différence des deux titrages donne par un calcul simple la proportion d'hydrogène sulfuré dans le volume d'eau analysée.

Acide sulfurique.

La seule méthode qu'on puisse employer pour le dosage de l'acide sulfurique est la méthode pondérale ordinaire.

On évapore dans un becherglass 200 à 500 centimètres cubes d'eau jusqu'à un petit volume, après acidification par l'acide chlorhydrique. On ajoute un léger excès de chlorure de baryum qui précipite l'acide sulfurique à l'état de sulfate de baryte et on chauffe un certain temps. On recueille le précipité sur un petit filtre, on lave, on sèche et on calcine, le filtre à part. Pour éviter une cause d'erreur par la réduction d'une partie du sulfate pendant la carbonisation du filtre, on humecte le produit avec une goutte ou deux d'acide nitrique, on évapore, on calcine et on pèse.

1 partie de sulfate de baryte correspond à 0,5435 d'acide sulfurique, compté en SO^3, ou à 0,421 compté en SO^4H^2.

Lorsque le dosage doit être opéré sur des eaux résiduaires contenant de grandes quantités de matières organiques, il est utile de détruire ces matières en traitant à chaud l'eau par quelques centimètres cubes d'acide chlorhydrique et quelques grammes de chlorate de potasse (exempt de sulfate). Après décoloration on filtre et on précipite par le chlorure de baryum, après concentration par évaporation, s'il y a lieu.

Acide phosphorique.

Les excreta humains et animaux contiennent des proportions notables de phosphates, aussi peut-on toujours déceler dans les eaux d'égout la présence d'acide phosphorique.

Le dosage n'est intéressant que lorsque les eaux d'égout ou des eaux résiduaires industrielles doivent être employées en irrigations culturales, on applique alors la méthode de l'analyse des engrais.

On évapore dans une capsule en porcelaine en présence de chaux pure, 100 centimètres cubes ou un et même plusieurs litres d'eau (contenant environ 0 gr. 1 de P^2O^5) jusqu'à siccité et on calcine. On décompose les carbonates par l'acide azotique et on en ajoute un excès (15 à 25 centimètres cubes). On chauffe au bain de sable pendant environ un quart d'heure pour réduire le mélange en consistance sirupeuse, on reprend par l'eau et on filtre; le filtre et la capsule sont lavés jusqu'à disparition d'acidité dans les eaux de lavage. On ajoute au filtrat 80 centimètres cubes de réactif molybdique et après agitation on laisse reposer 12 à 24 heures. Au bout de ce temps on recueille le précipité obtenu sur un double filtre taré, on lave le précipité avec un peu d'acide azotique à 5 pour 100 et quelques gouttes d'eau distillée. On sèche les filtres au-dessous de 100 degrés et on pèse.

Un gramme de phosphomolybdate contient 0 gr. 0376 P^2O^5 anhydride phosphorique, composé par lequel on exprime les résultats.

Le réactif molybdique se prépare en dissolvant 100 grammes d'acide molybdique dans 400 centimètres cubes d'ammoniaque pure. On filtre la solution qu'on reçoit dans 1500 grammes d'acide azotique d'une densité de 1,2. On agite, on laisse déposer quelques jours et on décante.

Sulfocyanates.

La recherche des sulfocyanates est quelquefois nécessaire pour se rendre compte si le dosage des chlorures par la solution titrée de nitrate d'argent n'a pas été affecté par la présence de ces composés, et dans certains cas de contamination des cours d'eau ou des nappes souterraines.

Cette recherche est assez délicate et nous recommandons la marche suivante indiquée par *A. Bouriez*[1].

On amène par évaporation à 15 centimètres cubes environ

[1] *Bulletin de la Société chimique du Nord de la France*, 1896, fascicule 4, page 155.

un volume suffisant de l'eau sur laquelle on opère (plusieurs litres sont quelquefois nécessaires).

Le résidu filtré est réparti en 3 portions égales dans autant de tubes à essais contenant respectivement 1,2,3 gouttes de solution officinale neutre de perchlorure de fer diluée au dixième, et, quelle que soit la coloration du mélange on ajoute dans chaque tube un égal volume d'éther. Si après agitation l'éther se colore en rouge carmin dans l'un des tubes on peut conclure immédiatement à la présence des sulfocyanates dans l'eau, sinon il faut avant de conclure à leur absence, s'assurer que la coloration n'apparaît pas sous l'influence de l'acide chlorhydrique au dixième versé goutte à goutte dans chaque tube et en agitant après chaque addition.

Pour le dosage, nous renvoyons aux méthodes exposées dans le traité d'analyse du *Carnot*, méthodes qui, d'après nos essais, ne peuvent s'appliquer qu'aux quantités déjà assez importantes de sulfocyanates.

Plomb.

Les sels de plomb sont pour la plupart insolubles ou très peu solubles dans l'eau, de plus ils sont soumis dans les eaux résiduaires à l'action d'un certain nombre de composés tels que l'hydrogène sulfuré qui en précipitent le métal, de sorte qu'il est rare de les rencontrer dans ces eaux. Cependant dans le cas de déversements de résidus industriels dans les rivières il est utile de les rechercher.

Lorsque le plomb est en assez grande quantité les méthodes habituelles permettent de le déceler et même de le doser, mais pour les quantités plus faibles on peut employer la technique décrite par *G. Lambert*.

On précipite 50 centimètres cubes d'eau par 2 centimètres cubes de lessive de potasse à 36 degrés Bé et après agitation on en sépare le précipité par centrifugation. Il ne faut pas employer les filtres de papier qui peuvent contenir des traces de plomb. On prélève 40 centimètres cubes du liquide limpide qu'on additionne de 4 gouttes de solution de cyanure de potassium au dixième puis, après agitation, de 4 gouttes de solution de monosulfure de sodium fraîche au dixième. Dans ces conditions, le cuivre et le fer que peut contenir le liquide restent dissimulés et la présence du plomb se traduit par une coloration brune qui, en regardant dans l'axe du tube au-dessus d'une feuille de papier blanc, est visible pour une solution contenant 0 milligr. 1 de plomb et très nette pour une solution de 0 milligr. 2 par litre.

Lorsque la quantité de plomb est encore plus faible, on concentre les eaux par évaporation après avoir acidulé par l'acide acétique, on neutralise par la potasse et on opère comme plus haut.

On peut comparer les colorations obtenues avec celles que donne l'addition des mêmes quantités de réactifs avec des dilutions de solution titrée de plomb, un centimètre cube de solution d'azotate de plomb à 1 gr. 602 par litre contient 1 milligramme de plomb.

Fer ([1]).

La quantité de fer que l'on peut trouver dans les eaux rési-duaires ne joue pas un rôle aussi important que dans les eaux potables. Cependant on a attribué aux composés de ce métal, qui peuvent s'y trouver en grande quantité, un rôle dans le colmatage des lits bactériens, et G. *Fowler* l'a démontré pour les eaux très ferrugineuses des égouts de Manchester.

A part certains cas particuliers, la quantité de fer que l'on trouve dans les eaux d'égout est trop faible pour que l'on puisse employer les méthodes de dosage pondéral ; la méthode colorimétrique permet au contraire de doser des quantités inférieures à un dixième de milligramme. Cette méthode est basée sur l'action des sulfocyanates en solution acide sur les sels ferriques. On obtient ainsi une coloration rouge, variable suivant le sulfocyanate employé, mais suffisamment propor-tionnelle à la quantité de fer lorsqu'on se tient entre certaines limites.

[1] Nous ne pensons pas pour le cas qui nous occupe qu'il y ait lieu de rechercher et doser le fer sous ses 2 états, ferreux et ferrique, la quantité totale seule importe.

Pour ce dosage il est nécessaire de préparer l'eau de façon qu'elle soit limpide, incolore et qu'elle contienne le fer à l'état de sel ferrique. Pour cela on évapore un demi-litre d'eau dans une capsule de porcelaine au bain de sable, après y avoir ajouté quelques centimètres cubes d'acide chlorhydrique et quelques cristaux de chlorate de potasse pur. Le résidu sec est repris par l'eau acidulée par HCl et on amène à un volume convenable, soit 100 centimètres cubes. On filtre si le dosage doit être immédiat, ou on laisse déposer.

De ce liquide filtré ou décanté, on prélève une quantité qui, étendue à 50 centimètres cubes, donnera, par addition de 1 centimètre cube de solution saturée de sulfocyanate de potassium, une coloration voisine de celle obtenue par l'addition de ce réactif dans une solution d'alun de fer titrée de façon à contenir 0 milligr. 2 de fer par 50 centimètres cubes.

On compare les deux colorations et le rapport donne la quantité de fer contenue dans l'eau analysée.

Pour obtenir la solution titrée de fer, on prépare d'abord une solution forte en dissolvant 0 gr. 8607 d'alun de fer cristallisé et non effleuri dans un litre d'eau distillée : un centimètre cube de cette solution contient 0 milligr. 1 de fer. Il est recommandé de contrôler cette solution par un dosage pondéral suivant la méthode ordinaire. La solution type sera préparée en diluant 40 centimètres cubes de la solution forte, additionnés de 10 centimètres cubes d'HCl, avec de l'eau distillée pour amener le volume à un litre : 50 centimètres cubes de la solution type contiennent 0 milligr. 2 de fer.

Il est indispensable de traiter l'eau le plus rapidement possible après la prise d'échantillon, car le fer, dans les eaux d'égout souvent très alcalines, ne tarderait pas à se précipiter.

La coloration est proportionnelle, entre certaines limites assez étroites, à la teneur en fer, mais il est indispensable que la dilution convenable soit faite avant que la coloration ait été obtenue et non après l'addition de sulfocyanate.

La quantité de sulfocyanate doit être la même dans les solutions à titrer que dans la solution type, car la coloration croît en raison directe de la quantité de ce réactif.

Les solutions doivent toujours être franchement acides pour avoir une coloration rouge très manifeste; dans les solutions neutres on obtient une coloration jaune nullement comparable avec celle de la solution type acidulée. De plus, lorsque la proportion d'acide est plus forte, la coloration diminue. Il faut donc avoir soin que l'acidité des liquides traités soit sensiblement égale à celle de la solution type.

Enfin la comparaison au colorimètre doit se faire très peu de temps après l'addition du réactif, environ une demi-heure, car les colorations diminuent très rapidement d'intensité.

Chaux.

Bien que rarement demandé, le dosage de la chaux dans les eaux d'égout peut être intéressant dans certains cas, comme dans celui de la recherche de la contamination d'un cours d'eau par des déversements de diverse nature.

La méthode habituellement employée pour doser la chaux dans les eaux potables n'est pas recommandable pour les eaux résiduaires. Ces eaux, en effet, contiennent souvent du phosphate de chaux dissous ou en suspension qui serait précipité de la dissolution acide par l'addition d'ammoniaque; aussi est-il préférable d'employer la méthode de dosage de la chaux dans les terres.

On évapore un demi-litre ou un litre d'eau dans une capsule en porcelaine, on traite le résidu par de l'acide azotique dilué en léger excès et on chauffe pendant quelques minutes. On filtre et le filtrat avec les eaux de lavage sont traités par l'ammoniaque. Il se forme un précipité d'alumine et d'oxyde de fer contenant de l'acide phosphorique et souvent aussi un peu de chaux combinée à cet acide. Pour maintenir toute la chaux en solution, il est nécessaire d'ajouter de l'acide acétique, soit environ 10 centimètres cubes en plus de ce qui est nécessaire pour neutraliser l'ammoniaque mise en excès. Si la liqueur est trouble par suite de la présence du phosphate de fer et d'alumine, il faut la filtrer; on l'additionne ensuite d'un petit excès d'oxalate d'ammoniaque en solution et on attend jusqu'au lendemain pour recueillir l'oxalate de chaux qui se dépose. On ne jette le précipité sur le filtre qu'après avoir filtré les eaux surnageantes, on lave le précipité à l'eau bouillante et on l'introduit dans une capsule de platine. On calcine pour transformer d'abord l'oxalate en carbonate de chaux. Une calcination plus énergique donnerait de la chaux anhydre, mais il est préférable de peser la chaux à l'état de sulfate. Pour cela on traite le produit calciné par quelques gouttes d'acide azotique jusqu'à départ complet de l'acide carbonique, puis on verse dans la capsule un excès d'acide sulfurique, on évapore à sec, puis on calcine jusqu'à élimination complète des vapeurs d'acide sulfurique.

Le poids de sulfate de chaux obtenu, multiplié par 0,412, donne la chaux contenue dans un demi-litre ou un litre d'eau.

Potasse.

Comme pour l'acide phosphorique, le dosage de la potasse ne s'effectue que lorsque les eaux sont employées en irrigations culturales.

On évapore 100 centimètres cubes, ou un ou plusieurs litres d'eau, à siccité et on calcine. Le résidu est traité par l'eau acidulée par l'acide azotique, et on évapore la solution obtenue au bain de sable à siccité. Le nouveau résidu est repris par l'eau, on en élimine l'acide sulfurique, le fer, la chaux, l'alumine en précipitant d'abord par l'azotate de baryte puis par l'ammoniaque et le carbonate ou l'oxalate d'ammoniaque, qui suppriment aussi l'excès de réactif barytique. On filtre et on lave soigneusement le précipité ainsi séparé. La solution et les eaux de lavage sont évaporées et le résidu calciné pour volatiliser les sels ammoniacaux. Pour éliminer la magnésie, il suffit de reprendre par quelques gouttes de solution concentrée d'acide oxalique, d'évaporer et de calciner légèrement. On reprend par l'eau et on filtre s'il y a lieu. On ajoute alors à la solution 5 centimètres cubes d'acide perchlorique et on évapore à siccité au bain de sable jusqu'à disparition de fumées blanches. Les perchlorates restant dans la capsule sont broyés avec de l'alcool à 95 degrés. On filtre l'alcool en laissant le sel dans la capsule, on renouvelle ce traitement 5 fois de façon à employer environ 150 centimètres cubes d'alcool. Le perchlorate de potasse insoluble reste sur le filtre et dans la capsule.

On lave le filtre à l'eau bouillante et on recueille le liquide dans la capsule sur le perchlorate. On évapore, dessèche et pèse.

Un gramme de perchlorate contient 0 gr. 559 de potasse en K^2O.

Matières grasses.

Les eaux d'égout contiennent toujours des matières grasses en proportions variables suivant le système des égouts et l'alimentation des habitants et surtout suivant certaines industries. La petite quantité de matières grasses qu'on y trouve ordinairement dans le système unitaire, 55 milligr. 7 par litre à *Berlin*, environ 25 milligrammes à la Madeleine, est trop faible pour apporter quelque trouble aux processus d'oxydation qui s'accomplissent tant dans les champs d'irrigation que dans les lits bactériens. Il n'en est pas de même si la proportion augmente considérablement comme c'est le fait dans les eaux d'égouts des villes qui, comme *Roubaix-Tourcoing* en France, *Verviers* en Belgique, *Bradford* en Angleterre, abritent de nombreux peignages de laines qui évacuent journellement des volumes considérables d'eaux résiduaires chargées de matières grasses.

Dans le premier cas, les graisses proviennent uniquement des résidus alimentaires des eaux de lavage de vaisselle et de celles ayant servi aux soins de propreté corporelle où au lavage du linge accompagnées alors de savons.

Dans le second cas, les eaux résiduaires industrielles contiennent des matières grasses du suint de la laine avec de petites quantités de graisses minérales employées pour lubrifier les machines ainsi que des savons qui avec des composés alcalins tels que le carbonate de soude les émulsionnent. La proportion de matières grasses que ces eaux contiennent peut être très considérable. Ainsi à l'*Espierre*([1]) nous en avons trouvé jusque 1 gr. 140 par litre. Cette proportion est très variable suivant le soin que mettent les industriels à priver

([1]) E. Rolants, La question de l'Espierre, *Revue critique*, *Revue d'hygiène*, 1902. p. 756.

autant que possible les eaux qu'ils rejettent de graisses qu'ils peuvent vendre avec profit.

Il est aussi des eaux qui renferment des matières grasses, ce sont les eaux de laiterie et leur quantité doit être connue pour l'étude des procédés d'épuration de ces eaux.

Ces matières grasses des eaux d'égout sont le plus souvent entraînées en totalité par les matières en suspension et c'est ce qui apparaît dans le séjour de ces eaux dans les fosses septiques, soit dans les matières flottantes, soit dans les boues qui se déposent au fond de ces fosses. Ceci est la règle pour les eaux d'égout ordinaires, mais, pour les eaux contenant les résidus industriels indiqués plus haut, les graisses sont en émulsion très stable et la majeure partie passe au travers des fosses septiques sans en être séparée.

Aussi est-il utile de connaître la teneur d'une eau en graisse.

Pour cela deux procédés s'offrent au chimiste ([1]).

La première méthode et la plus exacte consiste à évaporer un certain volume d'eau, 1 litre par exemple dans une capsule de porcelaine au bain-marie, en présence d'un peu de sable lavé à l'acide chlor-

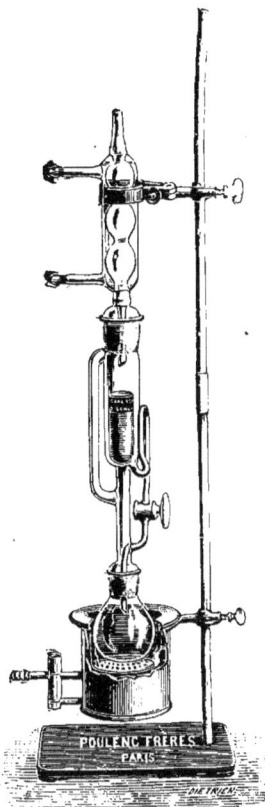

Fig. 20. — Appareil Soxhlet pour l'extraction des matières grasses.

hydrique et calciné, jusqu'à siccité, à transvaser le sable dans une cartouche de papier et nettoyer la capsule avec du nouveau sable sec qu'on ajoute au précédent. La cartouche de papier est placée dans un extracteur *Soxhlet*, on lave à plu-

([1]) Lacomble, *Revue d'hygiène*, 1906, p. 822.

sieurs reprises la capsule avec de l'éther que l'on verse dans l'extracteur et on fait fonctionner l'appareil. Après évaporation de la solution étherée ainsi obtenue il reste la graisse neutre et les acides gras libres, ces derniers sont assez rares, les eaux étant toujours alcalines.

On peut abréger considérablement la manipulation en employant la méthode par précipitation. A l'eau alcaline ou légèrement alcalinisée on ajoute une solution du sulfate ferrique, environ 1 gramme de sel par litre d'eau à traiter. Il se produit un précipité d'oxyde ferrique qui entraîne par un véritable collage toutes les matières en suspension ou en pseudo-solution. On filtre l'eau qui doit passer incolore et limpide et le précipité retenu est séché sur le filtre à 100 degrés. On introduit le filtre dans l'extracteur *Soxhlet* et on épuise par l'éther. Cette méthode donne une approximation assez exacte de la quantité totale des matières grasses mais non des acides gras libres.

Pour déterminer les acides gras combinés, sous forme de savons, on prend le résidu de l'extraction obtenue dans la première méthode, on l'humecte avec de l'eau distillée et on l'acidifie légèrement avec quelques gouttes d'acide phosphorique dilué. On évapore à sec, on introduit de nouveau le résidu dans la cartouche de papier et on épuise par l'éther comme dans la première opération. L'acide phosphorique dédouble les savons et met les acides gras en liberté.

CHAPITRE VI

ANALYSE DES BOUES

Dans tous les procédés qui ont été proposés pour l'épuration des eaux d'égout, les boues charriées par ces eaux ont apporté un sérieux embarras par suite de l'encombrement qu'elles occasionnent. Aussi a-t-on cherché à les utiliser ou à les brûler, dans le but, soit de récupérer une partie des frais occasionnés par l'épuration, soit de s'en débarrasser plus facilement. L'analyse peut fixer sur la destinée finale de ces boues.

Ces boues se composent de tous les détritus des rues entraînés par les eaux dans les égouts, de tous les déchets de la vie des hommes et des animaux et des résidus industriels. Dans ces boues pullulent de nombreux êtres, depuis les germes microbiens jusqu'aux végétaux inférieurs, et, même, certains animaux.

Il est souvent recommandé de procéder à l'analyse le plus tôt possible après la prise d'échantillon. Cela est préférable pour connaître exactement la composition des boues, mais, pratiquement, si ces boues sont utilisées, elles ne peuvent l'être qu'après un certain temps d'égouttage, de pressage ou de dessiccation et la précaution ne devient plus indispensable.

La plus grande difficulté est plutôt de recueillir un échantillon moyen de petit volume pour l'analyse. On est fatalement obligé d'écarter les éléments trop volumineux, tels que fragments importants de bois, chiffons entiers, etc., qui, par suite de l'impossibilité de les pulvériser pour les répartir également dans la masse, viendraient fausser les résultats de façon grossière.

Examen physique. — On peut employer la méthode habituelle

d'analyse des terres. Le lavage à l'eau sépare les corps lourds
des particules plus fines, et on peut distinguer les sables, gra-
viers, scories, charbon, puis du bois, papier, débris de
légumes, morceaux d'étoffe, liège, etc. On y trouve aussi des
organismes animaux ou végétaux (puces, limaces, vers,
algues, etc.).

A l'examen microscopique, parmi des débris amorphes, on
distingue des larves et œufs d'insectes, des vers, des infusoires, des algues, des levures, des bactéries de toutes
formes, etc.

L'étude de la faune et de la flore peut même donner des
indications sur l'état de décomposition des eaux, et l'existence
de certaines espèces dépend du degré de contamination. Les
escargots, limaces, crevettes, diatomées et algues vertes ne
peuvent vivre que dans l'eau relativement pure; dans le cas
d'une contamination très forte, ils meurent, et, à leur place, on
trouve des vers, des larves d'insectes, des infusoires, des
algues bleues, des champignons et des bactéries. Lorsque la
contamination est au plus haut degré ou en présence de matières toxiques, toute vie devient impossible. Dans certaines
eaux résiduaires, on peut trouver des organismes spécifiques,
comme les levures pour les brasseries et les distilleries.

Examen chimique. — On prélève une ou plusieurs prises de
10 grammes environ de boue qu'on dessèche à l'étuve à
110 degrés pour doser la proportion d'eau, si cette détermination est jugée utile.

L'échantillon total est étalé dans des assiettes et desséché
à 100 degrés. Le résidu sec est pulvérisé dans un mortier de
fer et la poudre mise à sécher à nouveau à 110 degrés et conservée ensuite dans un flacon bien bouché.

Un ou deux grammes de poudre sèche sont pesés dans une
capsule et calcinés au rouge sombre. La perte de poids donne
approximativement la proportion de matière organique.

Si ces boues sont destinées à l'utilisation agricole, il y a
lieu d'y doser les éléments estimés comme engrais : azote,
acide phosphorique, potasse et, éventuellement, chaux. Ces
boues contiennent le plus souvent des quantités de graisses
assez importantes pour en être retirées, le dosage de ces composés est donc indiqué.

La proportion d'*azote* contenue dans ces boues est, le plus souvent, très faible, si ce n'est lorsqu'elles sont recueillies très rapidement après leur évacuation dans l'égout. En effet, les composés azotés sont très rapidement la proie des microbes qui les solubilisent, et les produits ainsi obtenus sont entraînés par les eaux. Ainsi, à la station de *la Madeleine*, les boues des fosses septiques contenaient, au maximum, 1,8 d'azote pour 100 de matière sèche. Le dosage se fait par la méthode de *Kjeldahl*, en opérant sur 2 grammes de boue sèche qu'on additionne de 20 centimètres cubes d'acide sulfurique pur et d'un globule de mercure. Lorsque l'attaque est terminée, on dilue avec de l'eau distillée, on précipite le mercure par environ 2 grammes d'hypophosphite de soude, on ajoute la lessive alcaline, environ 80 centimètres cubes, et on distille. On recueille le produit de la distillation dans la solution titrée d'acide sulfurique et on détermine la quantité d'acide non saturée. On a le taux d'azote pour 100 en multipliant le poids d'ammoniaque ainsi trouvé par 0,8235, puis par 50.

Les méthodes de dosage de l'*acide phosphorique* et de la *potasse* ont été données plus haut.

La *matière grasse* peut être dosée simplement en traitant la poudre sèche par l'éther dans l'appareil *Soxhlet*, mais cette méthode ne tient pas compte des savons, et, dans une extraction industrielle où la matière grasse sera transformée en savons, il est utile de connaître la proportion totale des acides gras libres ou saponifiés. Pour cela, on humecte 10 grammes de boue sèche avec une solution diluée d'acide phosphorique, jusqu'à acidification légère mais nette, on dessèche de nouveau à 100 degrés, et on introduit la poudre, placée dans une cartouche en papier, dans l'extracteur *Soxhlet* où on l'épuise par l'éther. On évapore l'éther et on pèse après deux heures de dessiccation à 100 degrés. Le poids obtenu est celui des *acides gras*.

CHAPITRE VII

ANALYSE DES GAZ

Pour effectuer l'analyse exacte et précise d'un gaz, il est nécessaire d'avoir une installation et des appareils coûteux; aussi les recherches sur la composition des gaz dégagés dans une station d'épuration d'eaux résiduaires ne peuvent être entreprises que par certains laboratoires. Il y a lieu de se demander par suite s'il a utilité d'effectuer ces analyses.

Fosses septiques. — On sait qu'il se dégage des quantités quelquefois très importantes de gaz des fosses septiques. Les fermentations anaérobies qui s'y produisent donnent lieu à la décomposition des matières organiques et au dégagement de gaz dont les principaux sont l'acide carbonique, le méthane, l'hydrogène et l'azote. Le méthane et l'hydrogène étant combustibles, on a proposé l'emploi de ces gaz pour l'éclairage ou le chauffage; cependant cette utilisation ne s'est pas généralisée par suite de la complication qu'elle exige dans la construction des fosses septiques.

On peut recueillir les gaz d'une façon très simple (*fig.* 21). Un flacon A à large ouverture est muni d'un bouchon à deux trous. Dans l'un passe un tube plongeant jusqu'au fond du flacon qui est relié par un tube en caoutchouc à un entonnoir B. Dans l'autre trou du bouchon se trouve un tube coudé à angle droit qui s'arrête dans l'intérieur du flacon au niveau du bouchon. On verse de l'eau dans l'entonnoir pour remplir le flacon; l'air étant chassé par le tube coudé, on ferme l'extrémité de ce tube muni d'un tube de caoutchouc, avec une pince D. On remplit alors d'eau le tube et l'entonnoir et on plonge le tout dans la fosse septique, puis on retourne le

flacon qui est fixé au-dessus du niveau de l'eau dans la fosse.
On ouvre la pince D du tube coudé. Les gaz sont rassemblés
par l'entonnoir et se rendent dans le flacon. Lorsque celui-ci
est rempli de gaz, on ferme la pince du tube coudé, on ferme

avec une autre pince
C le tube de caout-
chouc qui relie le tube
plongeant à l'enton-
noir et on transporte
l'appareil au labora-
toire.

Nous préférons
l'emploi d'un gazo-
mètre métallique de
100, 200 litres ou plus
de capacité qui per-
met d'obtenir plus fa-
cilement des échan-
tillons moyens. Ce
gazomètre sera une
simple cloche cylin-
drique munie d'un ro-
binet à la partie supé-

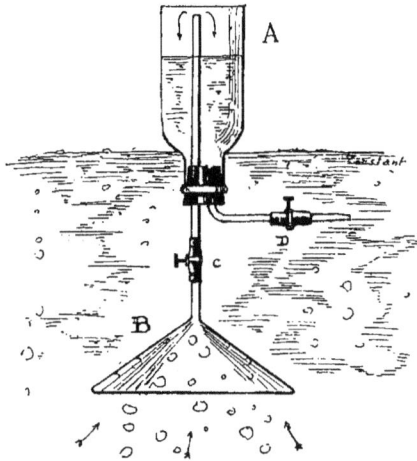

Fig. 21. — Appareil pour recueillir les gaz des fosses
septiques (d'après Fowler).

rieure. On a ainsi à sa disposition tout volume de gaz utile
aux expériences. On peut aussi réunir cette cloche à un compteur qui enregistrera pour une surface donnée la quantité de
gaz dégagée pendant le temps considéré.

Lits bactériens. — L'analyse de l'air prélevé dans un lit
bactérien de contact pendant la période de repos, ou dans un
lit bactérien à percolateur à tout moment, permet de se rendre
compte si l'aération ou plutôt si le renouvellement de l'air
s'effectue d'une façon convenable dans ces lits. Les microbes
pour oxyder la matière organique empruntent à l'air l'oxygène
qui doit toujours s'y trouver en excès.

L'analyse sera dans ce cas très simple, car il suffit de déterminer l'oxygène et l'acide carbonique.

Pour le prélèvement des échantillons (*fig.* 22), on enfonce
dans le lit à une profondeur voulue un tube de fer C dont
l'extrémité en forme de pointe est fermée; au-dessus de la

pointe se trouvent plusieurs trous. On adapte alors au tube
de fer un bouchon de caoutchouc muni d'un tube de verre
réuni à un autre tube plongeant jusqu'au fond dans un flacon
A muni d'un tube recourbé réuni à un autre tube plongeant
dans un second flacon B beaucoup plus grand. Les deux
flacons sont remplis d'eau, comme il a été dit plus haut, avant
leur mise en place. On ouvre les pinces D E F et l'eau en

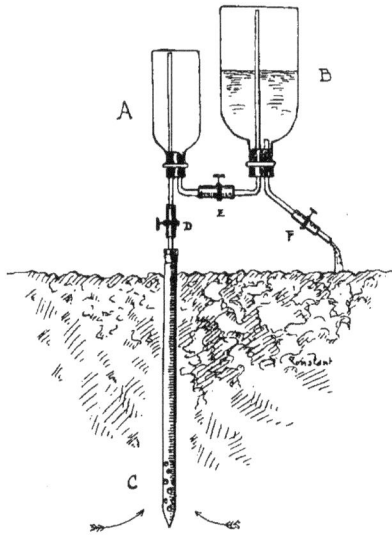

s'écoulant des flacons
aspire l'air prélevé à un
niveau déterminé. Il est
nécessaire que le grand
flacon B soit d'une ca-
pacité égale à 10 fois
celle du tube en fer, de
façon à être certain que
tout l'air qui s'y trou-
vait au moment de la
mise en place soit rem-
placé par celui qui
occupe les interstices
des matériaux des lits
bactériens. Le petit fla-
con A seul est conservé
après que les tubes de
caoutchouc ont été fer-
més par des pinces D et
F, et détaché du tube
de fer et du grand fla-

Fig. 22. — Appareil pour recueillir les gaz des lits
bactériens (d'après Fowler).

con, porté au laboratoire pour l'analyse des gaz.

Réactifs. — 1° Lessive de potasse purifiée à 36 degrés B^e;

2° Solution saturée d'acide pyrogallique. Cette solution
s'altère assez rapidement, aussi elle ne doit être préparée qu'en
petite quantité à l'avance;

3° Oxygène. Ce gaz est préparé à l'état de pureté par
électrolyse de l'eau distillée acidulée par l'acide sulfurique.

Appareils. — Les appareils imaginés pour l'analyse des
gaz sont très nombreux; l'appareil d'Orsat plus ou moins
modifié est très employé pour les essais industriels. On peut

obtenir des résultats suffisamment approchés avec la burette
de Bunte et l'eudiomètre.

La burette de *Bunte (fig. 25)* se compose d'un tube gradué
A, cylindrique ou portant un renflement fermé par deux
robinets; l'un infé-
rieur B ordinaire est
terminé par un tube
à tétine. Le robinet
supérieur C est un ro-
binet à 3 voies, dont
la figure 24 représente
en coupe les 5 posi-
tions, 1, 2 et 3. Dans
la position 1, le robi-
net fait communiquer
la burette à l'enton-
noir; en 2, un con-
duit coudé fait com-
muniquer l'entonnoir
avec l'extérieur; en 5,
ce même conduit met
la burette en relation
avec l'extérieur. Ce
robinet est surmonté
d'un entonnoir D mu-
ni d'un trait de jauge
à 25 centimètres cu-
bes. Le corps de la
burette est enchâssé
dans un large tube de
verre E qui lui est fixé
au moyen de bou-
chons formés de deux

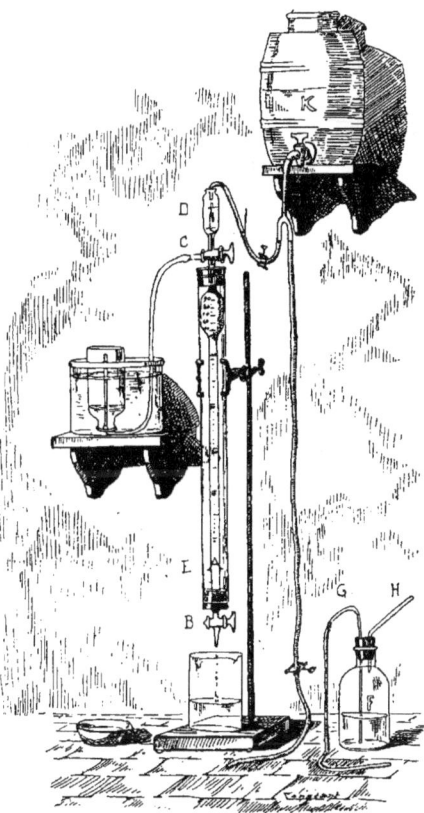

Fig. 25. — Burette de Bunte.

pièces; cette enveloppe protège la burette contre les contacts
et les rayonnements extérieurs. La burette munie de son enveloppe est assujettie sur un support.

Pour l'usage de cet appareil, on doit y adjoindre un flacon
F de 250 centimètres cubes environ fermé par un bouchon à
2 trous par lesquels passent deux tubes coudés, dont l'un G

plonge jusqu'au fond du flacon, l'autre H se termine au-
dessous du bouchon. Ces deux tubes de verre sont munis de
tubes de caoutchouc épais.

L'eudiomètre est gradué, il peut être terminé par un robinet
muni d'une tétine pour le transvasement des gaz.

Une cuve à mercure et un appareil capable de produire des
étincelles, piles et bobine de
Ruhmkorff ou magnéto, com-
plètent l'outillage.

Technique. — Comme nous
l'avons exposé plus haut, il se
présente deux cas : un mélange d'azote, d'oxygène et
d'acide carbonique pour les
gaz des lits bactériens, ou un
mélange d'azote, de méthane,
d'hydrogène et d'acide carbonique pour les gaz qui se dégagent des fosses septiques.

Dans le premier cas, l'acide
carbonique est absorbé par
une solution de potasse, l'oxygène par une solution de pyrogallate alcalin et l'azote reste
comme résidu.

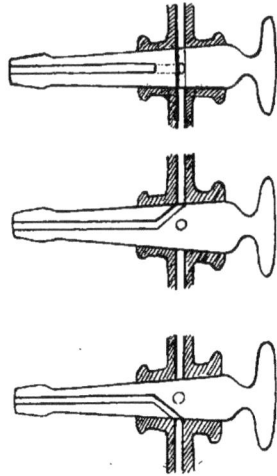

Fig. 24. — Positions du robinet C
de la burette de Bunte.

Dans le deuxième cas, l'acide carbonique est absorbé par
une solution de potasse, le méthane et l'hydrogène sont brûlés
en y mélangeant de l'oxygène, les produits de la combustion
sont de l'acide carbonique et de l'eau pour le méthane, de
l'eau seule pour l'hydrogène, l'azote reste encore comme
résidu.

Ces principes étant établis, l'analyse s'effectue comme suit :

On remplit complètement d'eau distillée la burette de Bunte
ainsi qu'un tuyau de caoutchouc relié à la tétine du robinet
supérieur C. L'extrémité de ce tuyau plonge dans une cuve à
eau sur laquelle on débouche le flacon de prise d'échantillon
de gaz. Le tuyau étant introduit dans le flacon, on met le
robinet C dans la position 3 et on ouvre le robinet inférieur B.
L'eau s'écoule et le gaz vient remplir la burette; lorsqu'il est

près de la graduation inférieure O, on ferme les robinets et on détache le tuyau de caoutchouc. L'entonnoir est rempli d'eau jusqu'au trait de jauge et le robinet C est placé dans la position 1. S'il s'écoule un peu d'eau dans la burette, on la remplace pour que dans l'entonnoir elle atteigne toujours le trait de jauge et obtenir ainsi une pression constante des gaz dans l'intérieur de la burette. Lorsque l'équilibre est atteint, on note exactement le volume des gaz. La lecture est effectuée en plaçant derrière la burette une feuille de papier blanc qu'on tient à la main ; dans ces conditions, le ménisque paraît noir sur une certaine hauteur, c'est le bord noir supérieur que l'on prend comme point de repère pour toutes les lectures. Lorsque la lecture est faite, on tourne le robinet 1/8ᵉ de tour de façon qu'il obture tous les orifices.

Acide carbonique. — On remplit à moitié d'eau le flacon F et par le tube H on souffle de façon à remplir d'eau le tube G et le tuyau de caoutchouc qui y est attaché. On pince le tube de caoutchouc et on l'adapte à la tétine du robinet B. On aspire par le tube H l'air qui se trouve dans le flacon, au moyen d'une petite pompe : on ouvre doucement le robinet B, et on continue l'aspiration jusqu'à ce qu'il ne reste que peu d'eau dans la burette. On ferme le robinet B et on détache le tube. On plonge alors la tétine de ce robinet dans une petite capsule contenant de la lessive de potasse et, ouvrant le robinet B avec précaution, on laisse monter la solution alcaline, on ferme alors le robinet. On bouche l'entonnoir D avec un bouchon de caoutchouc, de même la tétine du robinet C et on détache la burette de son support. On agite la burette à plusieurs reprises pour que le gaz soit en contact intime avec la potasse et on replace la burette. On ajoute de l'eau dans le réservoir et on met le robinet C dans la position 1, une certaine quantité d'eau rentre dans la burette et on la remplace dans l'entonnoir pour atteindre le trait de jauge. On attend quelques minutes pour que le liquide soit bien rassemblé et on note le nouveau volume. La différence donnera le volume d'acide carbonique absorbé.

Oxygène. — La même opération s'effectue sur le gaz restant. On emploie alors comme réactifs moitié de lessive de potasse, moitié d'acide pyrogallique. Il y a lieu de prolonger un peu l'agitation et de faire la lecture seulement lorsque après deux agitations successives le volume du gaz n'a pas varié.

Méthane et hydrogène. — Le gaz débarrassé d'acide carbonique et éventuellement d'oxygène est transvasé dans un eudiomètre sur la cuve à mercure. Pour cela, on adapte au robinet C un tube en caoutchouc à lumière très étroite rempli d'eau et, mettant ce robinet dans la position 5, on plonge l'extrémité du tube de caoutchouc dans la cuve à mercure. On relie le robinet B par un tube de caoutchouc au réservoir K placé au-dessus du niveau supérieur de la burette, ce réservoir et le tube étant pleins d'eau. On ouvre le robinet B, l'eau rentre dans la burette et chasse le gaz; lorsque le gaz commence à sortir du mercure, on place l'extrémité du tube de caoutchouc sous l'eudiomètre rempli de mercure, on recueille ainsi un certain volume de gaz. On ferme alors les robinets de la burette et on note le volume du gaz dans l'eudiomètre.

Dans l'eudiomètre on fait alors passer avec les précautions ordinaires un volume d'oxygène égal à plus de deux fois celui du gaz, soit pour 20 centimètres cubes de gaz une addition de 50 à 60 centimètres cubes d'oxygène. On note exactement le volume du mélange. On fait passer l'étincelle, on laisse refroidir et on ne note le volume que lorsque deux lectures à intervalle de 5 minutes sont concordantes.

Le méthane étant en très forte proportion dans le mélange, il est prudent de diluer le gaz dans un volume connu d'air et de ne faire jaillir l'étincelle qu'après avoir pris toutes les précautions utiles en cas de rupture de l'eudiomètre.

On fait passer dans l'eudiomètre, avec une pipette courbe, de la lessive de potasse pour absorber l'acide carbonique formé et, après avoir noté le volume, on absorbe l'oxygène par l'acide pyrogallique, on note ce dernier volume.

On a ainsi les résultats suivants :

a le volume du gaz;

b le volume du gaz additionné d'oxygène;

c le volume du mélange après l'explosion;

d le volume après action de la lessive de potasse;

e le résidu après action du pyrogallate alcalin.

Ce qui donne :

b—c est la contraction après explosion;

$c-d$ est le volume d'acide carbonique produit par l'explosion;

$d-e$ est le volume de l'oxygène en excès.

Le volume d'acide carbonique produit par l'explosion est égal à celui du méthane :

$$CH^4 + 2O^2 = CO^2 + 2H^2O$$

1 vol. 2 vol. 1 vol. Eau condensée.

La contraction observée après l'explosion doit être attribuée à cette combustion et aussi à celle de l'hydrogène si ce gaz se trouve dans le mélange :

$$H^2 + O = H^2O$$

2 vol. 1 vol. Eau condensée.

Le volume du méthane étant $c-d$ celui de l'hydrogène sera :

$$\frac{2}{3}\left[(b-c) - 2(c-d)\right]$$

Si on a employé un eudiomètre avec robinet supérieur on peut faire passer le gaz, après avoir noté la contraction, dans une autre burette de Bunte pour y faire agir la lessive de potasse et le pyrogallate, ce qui évite les manipulations longues de nettoyage du mercure. Il suffit pour cela de faire l'opération inverse de celle que nous avons décrite pour faire passer le gaz de la burette dans l'eudiomètre. La petite quantité de mercure qui sera introduite dans la burette sera évacuée avant d'ajouter les réactifs.

L'azote reste après toutes les manipulations. On l'évalue par différence.

Des nombres trouvés on déduit la proportion pour cent de chacun des gaz dans le mélange.

Toutes ces déterminations doivent être faites dans une salle à température uniforme et sans interruption pour éviter les corrections dues aux variations de la pression atmosphérique. Pour plus d'exactitude tous les volumes doivent être ramenés à 0 degré et à la pression de 760 millimètres en tenant compte de la tension de la vapeur d'eau([1]).

([1]) Pour plus de détails, voir : CARNOT, Traité d'analyse des substances minérales, t. I, p. 841.

ROLANTS. 7

CHAPITRE VIII

ANALYSE BACTÉRIOLOGIQUE

Il n'entre pas dans le cadre de cet ouvrage de donner toutes les méthodes employées dans les laboratoires de bactériologie pour isoler et étudier les bactéries de l'eau; il est cependant indispensable, en certains cas, pour le chimiste chargé d'études relatives à l'épuration d'eaux résiduaires ou simplement du contrôle de cette épuration, d'en connaître la technique élémentaire.

Il est souvent demandé si un procédé d'épuration permet d'éliminer tout ou partie des nombreux microbes qui pullulent dans les eaux d'égout; une analyse bactériologique simple permettra de répondre à cette question.

On a aussi proposé, dans le cas d'épidémie, de stériliser, par différents procédés, les effluents sortant des usines d'épuration; par l'analyse bactériologique, on pourra juger de l'efficacité de ces procédés.

Enfin, les recherches bactériologiques permettent de pousser plus loin les investigations entreprises sur l'effet d'une épuration. Par exemple, la filtration par le sol, nu ou cultivé, permet, lorsqu'elle est opérée sur un sol convenable, et à dose ménagée, d'obtenir une élimination presque complète des microbes des eaux d'égout. Si, au contraire, le sol est peu poreux ou si la quantité d'eau épandue est trop considérable, la destruction des matières organiques peut être suffisante, mais les eaux qui s'écoulent des drains contiendront encore un nombre considérable de microbes, ce qui indiquera un travail mal conduit.

Nous nous bornerons à donner la technique de méthodes simples pour la numération des microbes contenus dans les eaux en renvoyant aux traités de bactériologie pour des études plus complètes.

APPAREILS. — Les appareils indispensables pour les analyses bactériologiques sont peu nombreux.

1° *Le four Pasteur*, pour la stérilisation à sec de la verrerie. Les composés organiques, sauf l'ouate et le papier, ne sont pas susceptibles d'être stérilisés par ce procédé. La stéri-
lisation n'est complète que si les objets ont été exposés pendant une demi-heure à 180 degrés. On en est assuré lorsque le papier et l'ouate ont pris une coloration brun clair.

Le four Pasteur (fig. 25) se compose d'un cylindre en tôle à double paroi porté par trois pieds et muni d'une cheminée. Dans l'intérieur se trouve un panier en toile métallique dans lequel on place les objets à stériliser. Il est fermé par un couvercle percé d'une tubulure pour supporter un thermomètre. Au-dessous, un

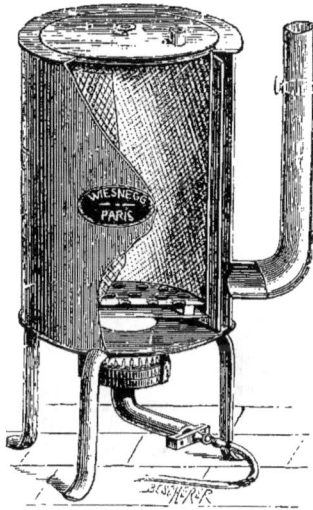

Fig. 25. — Four Pasteur pour flamber la verrerie.

brûleur Bunsen chauffe l'air qui circule dans la double paroi et s'échappe par la cheminée.

Les appareils de verre bien lavés et séchés, tubes ou ballons bouchés à l'ouate, boîtes de Pétri enveloppées de papier à filtrer, sont placés dans le panier et on chauffe très lentement, afin de régulariser la température dans toutes les parties ; on évite ainsi les ruptures. De même, le refroidissement doit se faire spontanément et on ne doit ouvrir le four que lorsqu'il est revenu à la température du laboratoire.

Pour éviter que les appareils soient en contact direct avec le fond surchauffé, il est recommandé d'y placer une ou deux

briques réfractaires qui préservent de la carbonisation l'ouate
et le papier.

2° *L'autoclave Chamberland*. — Cet autoclave (fig. 26) est
une simple chaudière cylindrique en cuivre, avec couvercle de
bronze maintenu par des écrous, qu'on rend hermétique par
un joint de caout-
chouc. Au couvercle,
ou sur la chaudière
elle-même se trouve
un orifice sur lequel
est fixé un manomè-
tre, pour indiquer la
pression intérieure,
un robinet de vapeur
et une soupape de
sûreté réglable à vo-
lonté.

La chaudière est
supportée par une en-
veloppe de tôle et est
chauffée par une dou-
ble couronne de brû-
leurs Bunsen. A l'in-
térieur se place un
panier en toile métal-
lique destiné à rece-
voir les objets à stéri-
liser.

Les appareils étant
disposés dans le pa-
nier, et après s'être
assuré que la quantité

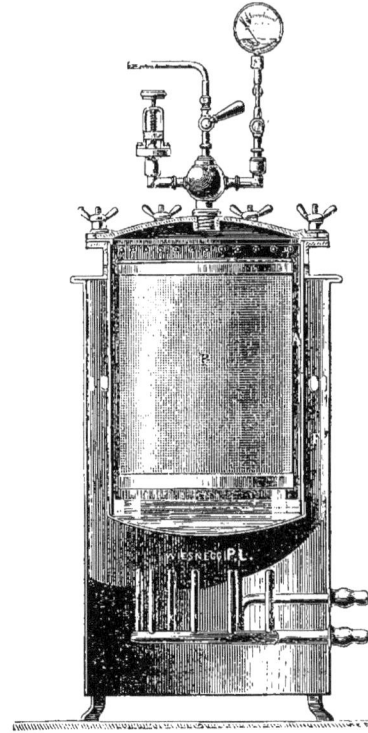

Fig. 26. — Autoclave Chamberland.

d'eau qui se trouve au fond de la chaudière est suffisante, on
pose le couvercle et on serre les écrous.

Le robinet de vapeur est ouvert et on allume les brûleurs.
Lorsque le jet de vapeur qui sort du robinet est bien homo-
gène et s'échappe en sifflant, on ferme ce robinet. On surveille
alors le manomètre et lorsque l'aiguille indique 120 degrés,
on règle le chauffage et la soupape de sûreté pour maintenir

cette température pendant 20 minutes. Après ce temps, on éteint le gaz et on laisse tomber la pression intérieure. Lorsque l'aiguille du manomètre est revenue au zéro, on ouvre avec précaution le robinet de vapeur, et lorsque celle-ci s'est échappée, on peut enlever le couvercle et retirer les objets stérilisés.

Il est très important de laisser échapper complètement l'air de l'autoclave avant la fermeture du robinet de vapeur, car les indications du manomètre seraient erronées. De même, on ne doit ouvrir le robinet de vapeur que lorsque la pression est tombée, car on s'exposerait à avoir des projections des liquides contenus dans les appareils ou, pour le moins, les cotons obturant ces appareils seraient mouillés, ce qui obligerait à une nouvelle stérilisation.

3° *L'étuve de Roux* (fig. 27) est certainement l'appareil qui, par son réglage facile, permet le mieux d'obtenir des cultures à une température déterminée.

Cette étuve se compose d'une armoire en bois de plusieurs dimensions, fermée à la partie antérieure par une ou deux portes vitrées, posée sur un support auquel est fixée une rampe à gaz, supportant un certain nombre de petits becs munis de cheminées en mica.

Le courant d'air chaud et les gaz de combustion du brûleur circulent dans un grand nombre de tubes en cuivre placés le long des parois de l'armoire, il se produit ainsi, par rayonnement, un échauffement uniforme de l'air contenu dans l'étuve. Des ouvertures placées latéralement à la partie inférieure et dans le plafond de l'étuve assurent l'aération.

La température est réglée d'une façon très précise par le *régulateur de Roux*, complètement métallique. Il se compose (fig. 28) de deux tiges de métaux dont les coefficients de dilatation sont très différents, zinc et acier, soudées ensemble et recourbées en forme d'U. Le métal le plus dilatable, le zinc étant en dehors, toute élévation de température tend à rapprocher les deux branches ; au contraire, tout abaissement les écarte l'un de l'autre. L'une des branches étant fixée, l'autre branche transmet les déformations produites par les changements de température à une tige agissant sur un piston qui commande l'arrivée du gaz, placée à l'extérieur. Il existe un nouveau modèle de ce régulateur, reposant sur le même principe, mais dans lequel on utilise la déformation dans le sens de la longueur pour obtenir une force énergique qui permet de multi-

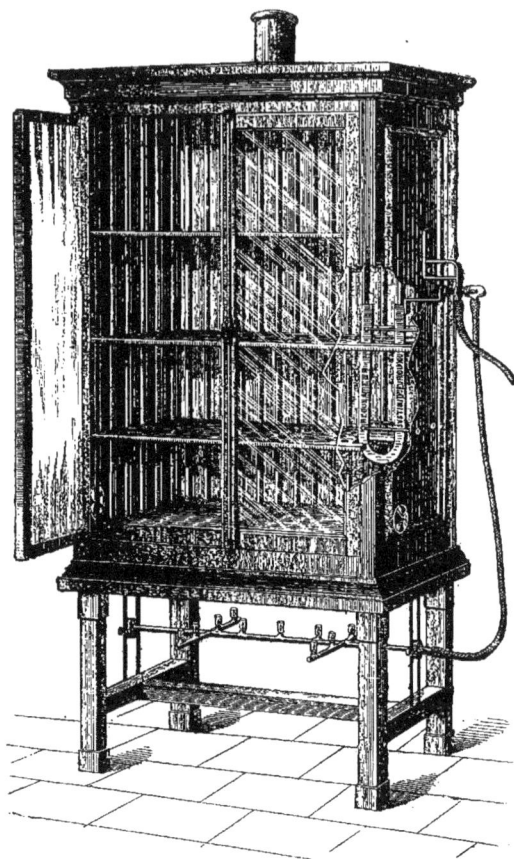

Fig. 27. — Étuve de Roux.

plier l'amplitude des faibles déplacements. Il est formé d'un tube métallique constituant à la fois le support et l'un des éléments de dilatation, et d'une tige métallique placée au centre du tube. Ces deux pièces formées de métaux de dilatation très différentes sont soudées ensemble à leur extrémité opposée à l'appareil de distribution du gaz.

Réglage. — Serrer la vis R jusqu'à ce que le gaz sorte franchement par les brûleurs que l'on a soin d'allumer. Puis, desserrer la vis V avec un petit tournevis, pour laisser passer le gaz qui doit alimenter l'allure minimum du brûleur lorsque la tige A du piston n'est pas repoussée par la branche mobile de V. Desserrer la vis R pour se rendre compte de l'importance du débit fourni par le trou de veilleuse V, lorsqu'il donne la totalité du gaz au brûleur ; la flamme minimum doit avoir 4 à 5 millimètres de haut. On réglera définitivement l'appareil en serrant ou desserrant le bouton R, en observant les indications du thermomètre placé à l'intérieur.

Il est recommandé de noircir les vitres

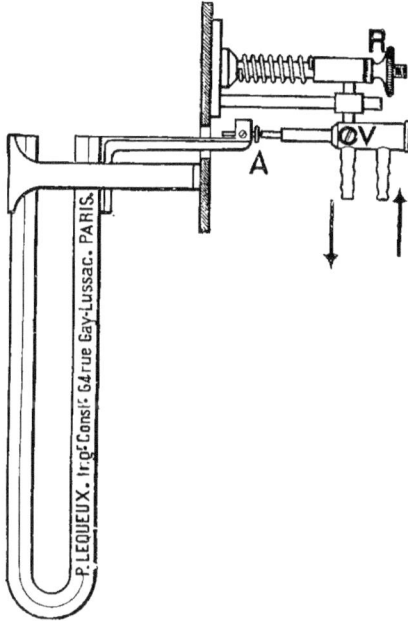

Fig. 28. — Régulateur de Roux.

des portes ou d'y coller du papier noir, pour éviter l'action bactéricide de la lumière sur les cultures.

PRÉLÈVEMENT DES ÉCHANTILLONS. — Il n'est pas possible pour une numération de germes de penser à opérer sur des échantillons moyens, la vitesse de reproduction des microbes est telle que les résultats seraient inutilisables. Il faut donc prélever des échantillons d'eau à des moments déterminés par l'expérience.

Les analyses bactériologiques étant faites sur un centimètre cube ou une fraction de centimètre cube, on ne prélève que 50 à 60 centimètres cubes d'eau.

Les flacons de prélèvement sont ordinaires, tels qu'ils sont employés en pharmacie, bouchés avec un bouchon de liège neuf et coiffés d'un capuchon de fort papier maintenu par une ficelle. Pour permettre à l'air de s'échapper du flacon pendant la stérilisation on interpose entre le bouchon et le goulot de la bouteille un bout de ficelle. On stérilise les flacons ainsi préparés pendant 20 minutes à l'autoclave à 120°.

Pour le remplissage, on a soin de sortir le bouchon du goulot en le saisissant à travers le capuchon de papier et on le remet de la même manière.

Les analyses doivent être faites le plus tôt possible après la prise d'échantillons.

NUMÉRATION DES GERMES AÉROBIES. — La méthode la plus facile et la plus employée est la méthode par les bouillons gélatinés.

La plupart des traités de bactériologie donnent une formule de bouillon préparé avec la viande de bœuf ou de cheval. Nous avons abandonné ce mode de préparation, qui est long, et ne donne pas un milieu de composition constante. On peut simplement employer l'eau peptonée, mais il est préférable d'y ajouter de l'extrait de viande qui contient des produits favorables à la production de certains pigments par les microbes, pigments dont la coloration aide à leur différenciation.

Le *bouillon simple* a la composition suivante :

Extrait de viande Liebig.	50	grammes
Peptone	20	—
Sel de cuisine	5	—
Eau.	1	litre

Lorsque la dissolution est obtenue, on alcalinise légèrement par l'addition de lessive de soude diluée à $1/10^e$, on stérilise à l'autoclave à 120 degrés, pendant quinze minutes, puis on filtre et on répartit dans des tubes ou ballons, ou on en prépare le milieu gélatiné.

Le *bouillon gélatiné* se prépare en dissolvant 100 à 120 grammes de gélatine (suivant la saison) dans un litre de bouillon. On clarifie au blanc d'œuf à 100 degrés, on filtre et on répartit dans des tubes à essais, à la dose de 10 centimètres cubes par tube. La gélatine étant altérée par l'exposition à haute température, la stérilisation est obtenue par chauffage pendant une

demi-heure à 100 degrés chaque jour, pendant 5 jours
consécutifs.

Les instruments nécessaires pour la numération des germes
aérobies sont :

1° Des tubes contenant 10 centimètres cubes de bouillon
gélatiné stérilisé ;

2° Des tubes contenant 9 centimètres cubes d'eau distillée
stérilisée ;

5° Des ballons contenant 500 centimètres cubes d'eau distillée ;

4° Des boîtes de Pétri, enveloppées de papier à filtrer, flam-
bées au four Pasteur ;

5° Des pipettes de 1 centimètre cube, graduées en dixièmes,
stérilisées dans des tubes à essais fermés d'ouate et garnis de
papier.

Technique. — On liquéfie au bain-marie la gélatine d'un
certain nombre de tubes et on laisse refroidir jusque 50-
55 degrés.

D'autre part, on mesure dans une série de boîtes de Pétri
des volumes décroissants d'eau, soit $1/10^e$, $1/100^e$, $1/1000^e$ de
centimètre cube, et même pour les eaux d'égout $1/10000^e$,
$1/100000^e$ et $1/1000000^e$ de centimètre cube, tels que dans les
dernières boîtes, les colonies qui se développeront soient suffisamment bien séparées les unes des autres pour permettre de
les compter facilement.

On obtient ces dilutions de la façon suivante : Lorsque les
eaux sont peu riches en microbes, on mesure 1 centimètre cube
d'eau à analyser dans un tube contenant 9 centimètres cubes
d'eau distillée stérilisée, on a ainsi une première solution au
dixième qui permet, de la même façon, d'obtenir la solution au
centième et ainsi de suite. Pour les eaux très chargées en bactéries comme les eaux d'égout, on débute par la solution au
millième, en mesurant un demi-centimètre cube d'eau à analyser dans 500 centimètres cubes d'eau distillée stérilisée, les
solutions suivantes seront obtenues avec les tubes de 9 centimètres cubes, comme nous venons de l'exposer.

Cela fait, on verse dans chaque boîte 10 centimètres cubes
de gélatine liquéfiée et on mélange le mieux possible en agitant sans toutefois produire de bulles. On laisse refroidir et

on porte les boîtes bien étiquetées dans une armoire spéciale du laboratoire. Cette armoire, de petite dimension, repose sur une planche de métal sous laquelle est accolé un serpentin de plomb dans lequel peut circuler un courant d'eau froide, permettant de maintenir pendant les chaleurs de l'été, une température moyenne de 22° environ. Cette disposition évite la liquéfaction très rapide de la gélatine, à cette époque de l'année, sous l'action des diastases microbiennes qui diffusent plus facilement dans la masse solide.

La numération se fait très simplement en posant la boîte sans l'ouvrir sur une plaque quadrillée comme celle de l'appareil de *Wolfügel* (fig. 29). En multipliant par la dilution observée on obtient le nombre de colonies par centimètre

Fig. 29. — Appareil de Wolfhügel pour compter les colonies.

cube. Il est préférable de prendre la moyenne des nombres obtenus avec les différentes dilutions.

Cette numération doit être effectuée à plusieurs reprises à intervalles assez rapprochés, pour surveiller le développement des microbes liquéfiant la gélatine, qui, lorsqu'ils sont nombreux, rendent au bout d'un certain temps la numération impossible. Nous avons adopté le comptage au bout de 4 jours et de 10 jours. On doit toujours indiquer ce temps dans un compte rendu d'analyses, car certains microbes ne donnent des colonies apparentes qu'au bout de quelques jours seulement et malgré les tables de rapport données par *Miquel* on ne peut présumer d'avance du nombre même approximatif de colonies qui apparaîtront dans la gélatine au bout d'un certain nombre de jours.

On a coutume de compter à part les microbes liquéfiant la gélatine, de même que les moisissures dont les colonies se reconnaissent très facilement par leur aspect particulier.

NUMÉRATION DES GERMES ANAÉROBIES. — Les méthodes employées pour la culture et la numération des germes anaérobies sont généralement trop compliquées pour être d'un usage courant. *Guillemard* ([1]) a proposé une technique plus simple que nous avons fait étudier dans notre laboratoire par *Bloch* ([2]) qui l'a modifiée de la façon suivante.

Le milieu de culture employé a pour composition ([3]) :

Peptone.	30 grammes
Chlorure de sodium	5 —
Gélose	10 —
Eau.	1000 centimètres cubes

Faire dissoudre à chaud la peptone et le chlorure de sodium dans 500 centimètres cubes d'eau ; après dissolution, alcaliniser légèrement mais franchement avec une solution de soude à 10 pour 100 ajoutée goutte à goutte jusqu'à léger bleuissement du papier de tournesol. D'autre part, chauffer la gélose avec 500 centimètres cubes d'eau jusque vers 60-70° ; jeter cette première eau et la remplacer par 500 autres centimètres cubes ; chauffer comme précédemment, mélanger à la solution de peptone (s'assurer de la réaction alcaline du mélange), et porter à l'autoclave à 120° pour dissoudre la gélose. Filtrer à chaud sur papier Chardin, mettre en tubes et stériliser pendant 20 minutes à 115-118°. Le milieu ainsi obtenu est très peu coloré, limpide à chaud et légèrement opalescent à froid. Il est suffisamment transparent pour compter les colonies et il a l'avantage de mousser très peu même sous l'action d'un fort courant d'hydrogène. Bien que ne se liquéfiant qu'à la température de l'ébullition il peut rester liquide à 41°.

Ce milieu est réparti par dose de 20 centimètres cubes dans des tubes à essais de 20 centimètres de long sur 20 millimètres de diamètre gradués par 2 centimètres cubes jusque 20 centimètres cubes. On peut plus simplement employer des tubes

([1]) La culture des microbes anaérobies appliquée à l'analyse des eaux. *Annales de l'Institut Pasteur*, 1906, p. 155.
([2]) Contribution à l'étude de la numération des microbes aérobies et anaérobies dans les eaux, *Revue d'hygiène*, 1906, p. 913.
([3]) La plupart des milieux employés pour la culture, ou l'isolement des germes anaérobies sont additionnés de glucose. Ce produit ne favorise pas le développement de ces germes, mais par contre permet la formation de gaz qui détruisent l'homogénéité du milieu et empêchent un isolement facile.

de même dimension que l'on a jaugés à 20 centimètres cubes par un trait de lime.

Les microbes anaérobies sont caractérisés par leur pullulation dans un milieu complètement privé d'oxygène, les aérobies au contraire ne peuvent vivre dans de telles conditions.

Pour priver le milieu de l'oxygène on y fait passer pendant un certain temps un courant d'un gaz inerte comme l'hydrogène qui chasse l'air dissous dans le milieu.

L'appareil décrit par *Guillemard* pour produire l'hydrogène

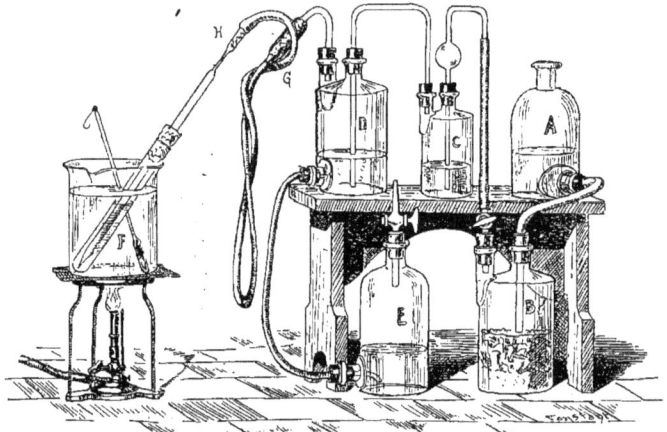

Fig. 50. — Appareil pour la culture des microbes anaérobies.

est un appareil intermittent (fig. 50). Il se compose d'un flacon à deux tubulures B contenant à la partie inférieure des billes de verre et au-dessus des lames de zinc. Par la tubulure centrale passe un tube, plongeant au fond du flacon, relié à la tubulure inférieure d'un flacon A, placé sur un petit banc, contenant de l'eau acidulée par l'acide sulfurique. La tubulure latérale est munie d'un tube à robinet R^1 qui permet le passage du gaz dans un flacon laveur D contenant de l'eau distillée, portant une tubulure latérale de dégagement de gaz et une tubulure inférieure reliée par un tube de caoutchouc à un autre flacon E à tubulure inférieure, dont le goulot est fermé par un bouchon traversé par un tube à robinet R^2. Au tube de caoutchouc qui sert au dégagement de l'hydrogène est fixée une pince. Il est recommandable d'installer entre le flacon producteur d'hydrogène et le flacon laveur un flacon de Woolf C à 2 tubulures, pour purifier le gaz, contenant la solution :

Bichromate de potasse.	8 grammes
Eau distillée	150 centimètres cubes
Acide sulfurique	10 —

Les pipettes sont faites au laboratoire avec des tubes en verre mince de 9 à 10 millimètres extérieurs ; le corps de la pipette a de 15 à 20 centimètres, il est effilé à la partie inférieure et présente à la partie supérieure un étranglement permettant l'introduction d'une bourre de coton (fig. 31).

Pour éviter toute cause de contamination pendant l'opération, cette pipette, dont la partie supérieure est protégée par un manchon de papier, est introduite dans un tube à essais de même dimension que ceux qui contiennent le milieu de culture ; la pointe brisée va jusqu'au fond du tube (donner à l'effilure 5 à 6 centimètres) ; l'ouverture du tube est obstruée par de l'ouate enroulée autour de la pipette, ce tampon est lui-même

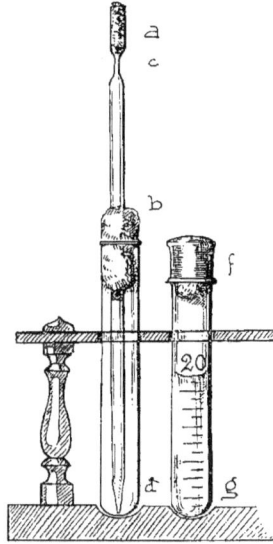

Fig. 31. — Tube de milieu de culture et pipette pour la numération des germes anaérobies.

protégé par du papier. Le tout est stérilisé au four Pasteur et conservé pour l'usage.

Le milieu est liquéfié au bain-marie bouillant, puis laissé à refroidir jusque vers 41° et on opère de la façon suivante :

1° Purger d'air l'appareil producteur d'hydrogène ;

2° Adapter la pipette stérilisée laissée dans son tube, au caoutchouc de dégagement, et faire passer un courant d'hydrogène pendant quelques minutes ;

3° Ensemencer le tube de gélose avec 1 ou 2 centimètres cubes à la dilution convenable, le rouler fortement en le tenant incliné et l'introduire dans un bain-marie, placé à côté de l'appareil, contenant de l'eau à 38-40° ;

4° Sans interrompre le courant d'hydrogène, dégager la pipette en lui conservant son tampon extérieur d'ouate et l'introduire dans le tube de gélose ensemencé, le tampon servant de fermeture ; l'enfoncer jusqu'au fond du tube, faire passer le courant pendant quelques minutes ;

5° Fermer le robinet R¹ de dégagement, ouvrir le robinet R² d'aspiration, l'eau contenue dans le flacon laveur s'écoule dans le flacon E et aspire le milieu dans la pipette. Lorsque celle-ci est à peu près remplie, fermer à la lampe d'abord l'étranglement supérieur de la pipette, puis la pointe effilée.

6° Laisser refroidir la pipette placée debout dans un support appuyée sur du coton ;

7° Noter dans le tube la quantité de gélose qui a été introduite dans la pipette : pour cela une lecture suffit dans les tubes gradués. Dans les tubes simplement jaugés à 20 centimètres cubes, on ajoute avec une burette de Mohr de l'eau distillée jusqu'au trait. Cette mesure permettra de ramener au centimètre cube la numération des colonies qui sera effectuée dans la pipette.

Nous ne saurions trop recommander d'abord d'éviter un courant d'hydrogène assez violent pour faire trop mousser le liquide. Ensuite, il est nécessaire de fermer le robinet d'aspiration R² dès que le liquide est parvenu au milieu de la pipette (il continue à monter en raison de la différence de pression), et de se tenir prêt à le refouler en ouvrant le robinet de dégagement R¹ dès qu'il paraît vouloir arriver à l'étranglement. Il y a en effet intérêt, pour la régularité de la numération et pour le scellement du tube, à ce que le liquide n'ait pas affleuré l'étranglement et à ce que la partie supérieure de la pipette ne renferme que de l'hydrogène pur.

Les colonies qui se développent dans ces conditions sont très nettes et faciles à compter, elles sont souvent brunes ou noires et se prêtent aisément aux ensemencements.

Pour isoler les colonies, on coupe la pipette dans la partie vide, on brise l'autre pointe et on laisse glisser tout le milieu dans une boîte de Pétri stérilisée. On peut alors prélever très facilement les colonies qu'on transporte sur un autre milieu.

Ce réensemencement est en effet indispensable pour se rendre compte si les colonies sont formées de microbes anaérobies stricts, c'est-à-dire ne pouvant vivre en présence d'oxygène, ou de microbes anaérobies facultatifs c'est-à-dire capables de vivre aussi bien en présence qu'en l'absence d'air. D'une façon générale, la dernière classe est de beaucoup la plus nombreuse.

Pour cette détermination, il est nécessaire de préparer deux sortes de tubes de culture.

On prépare d'abord des tubes pour la culture des microbes anaérobies en milieu liquide. On verse, à la surface de l'eau peptonée ou du bouillon peptone contenu dans des tubes à essais, environ 1/2 centimètre cube d'huile de vaseline et on stérilise à l'autoclave. Il est important de n'employer que du liquide nutritif ayant déjà été stérilisé, car l'air dissous dans ce liquide en s'échappant pendant la stérilisation projette, sur le coton qui bouche le tube, de la vaseline et même du liquide ce qui nuit à la bonne conservation du milieu.

Pour la culture des microbes aérobies, on mesure dans des tubes à essais stérilisés 5 centimètres cubes de milieu gélosé dont nous avons donné la formule mais préparé spécialement en y ajoutant 2 à 3 pour 100 de gélatine pour permettre plus d'adhérence avec le verre. On incline les tubes presque horizontalement sur une table pour donner au milieu le plus de surface possible exposée à l'air et on laisse refroidir. On relève les tubes le lendemain et on les capuchonne au caoutchouc afin de les conserver pour l'usage.

La technique de différenciation est très simple. Dans le long cylindre qui se trouve dans la boîte de Pétri comme nous l'avons dit plus haut, on prélève avec un fil de platine flambé, chaque colonie qu'on transporte rapidement dans le milieu liquide sous vaseline. On met en incubation dans l'étuve à 37° et lorsque le liquide est troublé indiquant la formation d'une culture abondante on prélève avec une pipette stérile, une goutte de la culture qu'on laisse couler à la surface du tube de gélose inclinée. Si le microbe, est aérobie on note le lendemain souvent une traînée blanchâtre sur la partie qui a été mouillée par la goutte et après quelques jours la culture devient très abondante.

CHAPITRE IX

INTERPRÉTATION DES RÉSULTATS DE L'ANALYSE D'UNE EAU RÉSIDUAIRE

Nous avons exposé, au début de cet ouvrage, que la connaissance de la composition d'une eau d'égout ou d'une eau résiduaire industrielle était utile, pour établir le procédé d'épuration applicable à ces eaux, ou pour se rendre compte du danger qu'il y a à les rejetter dans un cours d'eau.

Malgré des analyses rigoureuses, il est souvent difficile de donner les caractéristiques d'une eau d'égout. Ces caractéristiques dépendent de la concentration, de la composition chimique et de certaines conditions biologiques.

La concentration, c'est-à-dire la quantité de matières en dissolution et en suspension dans l'eau, peut être déterminée par le résidu sec.

La composition chimique dépend de facteurs importants, comme l'azote organique, le carbone organique, l'ammoniaque, les graisses et les chlorures, et d'autres facteurs accessoires comme les composés minéraux qui ne sont déterminés que dans certains cas particuliers.

Les conditions biologiques dépendent du temps qui s'écoule depuis l'évacuation jusqu'à l'arrivée au point de prélèvement des échantillons, de la température, du caractère et du nombre des organismes que l'eau renferme, organismes qui accomplissent leur œuvre de désintégration qui se manifeste le plus souvent par la putréfaction.

Les eaux d'égout peuvent contenir ensemble ou séparément, les eaux ménagères, les eaux vannes, les eaux de pluies ayant lavé les rues, et les eaux industrielles. On a coutume d'appeler eaux domestiques le mélange des deux premières avec ou sans addition des troisièmes.

La composition des eaux domestiques devrait, semble-t-il, être assez voisine pour différentes villes, cependant elle varie; si les excreta et les résidus ménagers peuvent dans certains cas être en proportion équivalente, la composition des eaux de distribution n'est souvent pas comparable.

On a pu établir cependant un certain nombre de rapports entre les différents corps dosés, qui permettent de tirer quelques conclusions des analyses.

L'*azote organique* représente un groupe de composés éminemment putrescibles et qu'on doit le plus faire disparaître des eaux, il sera donc déterminé en premier lieu.

L'*ammoniaque* existe en quantité relativement faible dans une eau domestique prise à son entrée dans l'égout. Lorsque l'eau est très fraîche, le rapport

$$\frac{\text{ammoniaque}}{\text{azote organique}} = \frac{1}{2},$$

mais dans les grands égouts il se rapproche de l'unité. Au contraire, lorsque l'eau s'est trouvée dans des conditions très favorables à la putréfaction, la valeur augmente et dans une fosse septique il peut être égal à 7. Dans ce traitement, la quantité totale d'azote ammoniacal et organique n'ayant pas sensiblement diminué, on peut calculer approximativement ce que devait être la valeur de l'azote organique à l'origine et en déduire l'effet du séjour dans la fosse. Cette augmentation de l'ammoniaque n'est pas proportionnelle au temps, elle est très faible d'abord puis très rapide à un moment donné, surtout dans les conditions de la fosse septique. Pour une eau de même provenance ce rapport augmente en été et diminue en hiver.

Le *carbone organique* ne peut être connu que par la détermination directe, et le rapport entre les nombres ainsi trouvés et ceux donnés par l'oxydabilité sont excessivement variables; cependant, pour une eau de même provenance, les résultats obtenus par cette dernière détermination peuvent avoir une signification comparative. Le rapport $\frac{\text{carbone organique total}}{\text{azote total}}$ serait intéressant à connaître pour la classification des eaux. *Phelps* donne pour une eau la valeur de 5,1.

Nous avons déjà montré l'intérêt qu'il y avait à déterminer

la proportion du *chlore*. Le rapport proposé par *Rideal* peut être simplifié en supprimant la multiplication par 100. Ce rapport $\dfrac{\text{chlore}}{\text{azote}}$ est compris entre 1 et 1,5 dans la plupart des eaux domestiques. Il y a cependant des exceptions lorsque les eaux d'égout sont très diluées par des eaux de distribution contenant des chlorures, ou mélangées à des eaux de mer.

Les *matières grasses* sont souvent une cause de trouble dans l'épuration, car elles se décomposent très difficilement et se déposent à la surface des sols naturels ou artificiels sur lesquels on déverse les eaux pour les épurer.

L'*oxygène*, les *nitrates* et les *nitrites*, ces derniers analogues à l'oxygène qu'ils abandonnent facilement, sont toujours en petites quantités dans les eaux d'égout, et y disparaissent très rapidement. Leur présence en proportion appréciable démontrera que l'eau a été déversée depuis peu de temps.

L'*hydrogène sulfuré* n'apparaît que lorsque l'oxygène, les nitrites et les nitrates ont disparu, et est un témoin de la décomposition putride des eaux.

Pour les eaux résiduaires industrielles, quelques déterminations permettent immédiatement de rejeter certains procédés d'épuration ; ainsi les eaux acides ou trop alcalines, les eaux contenant des produits antiseptiques ne peuvent être soumises aux procédés biologiques ou à l'épandage ; de même les eaux renfermant une trop forte proportion de matières grasses. La composition de quelques eaux résiduaires industrielles en matières organiques est telle que le séjour en fosse septique n'est pas possible ; il est indiqué pour d'autres.

CHAPITRE X

Nous avons déjà signalé les difficultés qui se présentent au chimiste dans l'interprétation de l'analyse d'une eau d'égout surtout par suite de l'impossibilité de récolter des échantillons représentant *réellement* en volume proportionnel et en composition ; mais, pour l'effluent de la fosse septique, une nouvelle difficulté s'ajoute par la nécessité de comparer cet effluent à l'eau dont il provient.

Dans la fosse septique, les eaux doivent abandonner la presque totalité des matières solides en suspension, mais la partie organique de ces matières se décompose sous l'influence de l'activité microbienne pour donner des composés solubles et des gaz ; d'un autre côté, les matières organiques solubles subissent aussi des décompositions. De sorte qu'il peut se présenter un grand nombre de cas qu'il est très difficile de distinguer : 1° la fosse septique n'a aucun effet, si ce n'est celui d'un bassin de décantation, les eaux auront la même composition à la sortie qu'à l'entrée, sauf qu'elles seront débarrassées des matières en suspension ; 2° les fermentations sont très actives dans la fosse septique : l'effluent pourra contenir moins de matières organiques solubles si la proportion de matières organiques en suspension qui se déposent est faible ; au contraire, si cette proportion est très forte comparativement aux matières organiques solubles, la quantité de ces dernières augmentera ; il peut arriver enfin que les dissolutions et les décompositions se balancent, et la quantité de matières organiques dissoutes dans l'effluent sera égale à celle de l'eau brute.

Il est cependant un certain nombre de témoins de l'action septique qui se produit dans ces fosses.

L'*ammoniaque* augmente en raison directe de la durée du séjour en fosse septique, par suite de la décomposition des matières azotées dont elle est le dernier terme.

Le *carbone organique* diminue généralement, les produits hydrocarbonés subissant facilement des décompositions avec formation de gaz dont les principaux sont l'acide carbonique et le méthane.

L'*hydrogène sulfuré* se trouve toujours dans l'effluent des forces septiques, produit par la réduction des sulfates principalement, et aussi par la décomposition des matières albuminoïdes. C'est à ce gaz qu'il faut attribuer l'odeur désagréable de cet effluent ; pour cette raison et aussi pour éviter qu'une partie de l'oxygène qui doit brûler les matières organiques ne soit employé à oxyder l'hydrogène sulfuré, il faut éviter le mieux possible sa production.

La proportion de *matières en suspension* doit appeler toute l'attention du chimiste, car elle est de la plus haute importance. Il est de toute nécessité, en effet, que l'effluent d'une fosse septique ne contienne aucune matière en suspension, car ces matières viennent se déposer sur les lits bactériens, en comblent les interstices, en colmatent la surface, ce qui oblige à des remaniements coûteux, difficiles à exécuter sans interrompre l'épuration, surtout dans une petite installation.

Les *gaz* qui se dégagent des fosses septiques ont permis de démontrer, d'une façon irréfutable par leur composition et leur volume, les décompositions qui s'y accomplissent.

Les spécialistes de l'épuration biologique ne sont pas encore d'accord pour reconnaître le moment où l'eau est *sur-septisée*, suivant l'expression de *G. Fowler*, c'est-à-dire le moment où l'eau, ayant été le siège de fermentations trop avancées, devient par cela même plus difficile à épurer par oxydation dans les lits bactériens. Cette question est très complexe, car, dans une installation qui reçoit un afflux irrégulier, certaines parties de cet afflux seront sur-septisées, d'autres beaucoup moins, et le sujet demande encore de nombreuses études.

CHAPITRE XI

INTERPRÉTATION DES RÉSULTATS DE L'ANALYSE D'UN EFFLUENT ÉPURÉ
CONTROLE DE L'ÉPURATION

La définition d'une eau épurée n'est pas à faire, car, si théo-
riquement on ne doit admettre sous ce nom qu'une eau ayant
la composition des eaux potables, pratiquement on ne peut
avoir une telle exigence qui entraînerait souvent à des
dépenses hors de proportion avec le résultat à obtenir.

Lorsqu'on examine les résultats d'une analyse d'eau épurée
on peut rechercher : 1° si l'épuration a été effective et quelle
est son importance, c'est-à-dire déterminer le pourcentage
de l'épuration ; 2° si l'eau épurée a bien les qualités requises
pour qu'elle puisse être rejetée sans danger dans une rivière,
un fleuve, ou à la mer.

CONTROLE DE L'ÉPURATION. — La mesure de l'efficacité de l'épuration, obtenue en comparant les résultats de l'analyse de
l'eau brute et ceux de l'analyse de l'eau épurée, n'a de valeur
que si l'on veut étudier le meilleur procédé à appliquer à une
eau déterminée. Il faut se garder de rapprocher les pourcen-
tages d'épuration obtenus dans une installation et ceux
obtenus dans une autre, car ils ne sont pas comparables.
Ainsi avec le même procédé, quel qu'il soit, on pourra
atteindre un plus haut pourcentage d'épuration avec une eau
très polluée qu'avec une eau moins polluée, alors même que
dans ce dernier cas la composition de l'effluent était plus
approchée de celle de l'eau épurée théorique.

Les résultats de l'*azote organique* seront surtout à considérer. L'azote étant un des composants de corps éminemment

putrescibles doit surtout retenir l'attention. On y ajoute souvent l'*ammoniaque* qui en dérive et doit être oxydé pour que l'épuration soit complète; cependant, lorsque l'épuration est assez avancée, cette oxydation se fait très rapidement et il n'y a pas lieu d'attribuer une très grande importance à un reste de ce composé.

Il n'y a pas lieu d'exiger que l'azote, organique ou ammoniacal, soit transformé intégralement en *nitrates*, car il peut être constaté une perte assez considérable d'azote lorsque l'effluent des fosses septiques (¹) renferme une grande quantité de carbone organique par suite de la dénitrification qui s'établit, et il importe peu que l'azote se trouve en une forme ou en une autre, pourvu qu'il soit éliminé de l'eau (²). Il ne peut donc y avoir aucune relation possible à établir entre l'azote organique de l'eau d'égout et les nitrates et nitrites de l'eau épurée. Cependant, comme nous le verrons plus loin, les nitrates sont les témoins d'une bonne oxydation.

Nous avons dit plus haut qu'il ne fallait pas ajouter grande importance à un reste d'*ammoniaque* : cela est vrai seulement lorsque ce reste est très minime, car, si la proportion est assez importante, elle exigera une quantité correspondante d'oxygène pour être transformée en nitrates, qu'elle devra emprunter à l'eau dans laquelle elle est rejetée et qui diminuera celle exigée pour l'oxydation des matières organiques encore présentes dans l'effluent épuré.

Le *carbone organique* ne peut être dosé que par la méthode de *Desgrez*; les autres méthodes, oxydabilité à chaud, oxygène absorbé à froid, par le permanganate ne permettent pas une comparaison scientifique. Cependant ces dernières méthodes plus rapides permettent de suivre journellement le travail d'oxydation accompli, et, sans vouloir en tirer des conclusions trop positives, elles sont très recommandables.

La présence de l'*oxygène* en quantités convenables est indispensable dans un effluent, car il représente avec les nitrates une réserve qui pourra être utilisée immédiatement

---

(¹) Il se produit aussi dans les fosses septiques un dégagement d'azote gazeux provenant de la décomposition des matières organiques azotées.
(²) Nous avons, par une expérience simple, montré cette dénitrification. *Revue d'hygiène*, 1902, p. 1057.

pour détruire le reste de matières organiques, sans effectuer d'emprunt à l'eau dans laquelle l'effluent épuré est rejeté.

La détermination de l'*alcalinité* donne, d'après *Barwise*, un moyen rapide de se rendre compte de l'oxydation dans les lits bactériens. Nous avons dit plus haut que, dans l'immense majorité des cas, les eaux d'égout sont très alcalines. Cette alcalinité est due aux sels alcalins et alcalino-terreux que ces eaux contiennent. L'oxydation des matières organiques donne comme produits ultimes des acides, acides nitreux et nitrique pour les matières azotées, acide carbonique et quelques acides organiques comme l'acide oxalique pour les matières ternaires. Il est donc certain, et c'est ce qui est démontré par la pratique, que l'alcalinité doit diminuer dans les eaux épurées en proportion de l'oxydation qu'ont subie les eaux d'égout. Quelle relation y a-t-il? c'est ce que nos recherches ne permettent pas encore de donner.

QUALITÉS D'UN EFFLUENT ÉPURÉ. — *Règles proposées.* — Certaines autorités anglaises n'ont autorisé le déversement d'eaux épurées dans les rivières que si ces eaux ne contenaient pas plus de certains composés que les quantités maxima qu'elles avaient fixées. Nous en donnons d'après *Rideal* quelques exemples (en milligrammes par litre).

	Carbone organique.	Azote organique.	Azote albuminoïde	Oxygène absorbé en 4 heures
Rivers Pollution commission	29	5	—	—
Thames Conservancy . . .	50	11	—	—
Derbyshire County Council .	—	—	1	10
Ribble Board.	—	—	1	20
Mersey and Irwell	—	—	1,4	14

Ces déterminations sont de peu de valeur et la plupart des auteurs ne leur attribuent aucune importance. En effet, on n'a pas ainsi déterminé la matière putrescible dans l'effluent. L'azote peut provenir de matières stables ou instables. Le carbone organique indiqué par l'oxygène absorbé en 4 heures peut représenter des matières organiques putrescibles mais aussi certaines autres substances en voie d'oxydation.

Pour juger sainement des qualités d'une eau épurée, il faut en connaître la composition d'une façon plus complète.

On a proposé l'*épreuve du poisson* (*Dibdin*), c'est-à-dire qu'un effluent dans lequel le poisson puisse vivre est épuré. Ceci implique d'abord l'absence de composés toxiques et la présence d'une quantité suffisante d'oxygène. Cependant, du fait qu'une eau polluée fait périr les poissons, il ne s'ensuit pas nécessairement qu'un effluent dans lequel ils vivent soit bien épuré. On sait, en effet, que dans certaines rivières les poissons sont nombreux au débouché des égouts dont les eaux charrient des excreta et résidus de toutes sortes.

Une méthode plus simple a été proposée l'an dernier [1], on l'a dénommée le *shake test*. Il suffit d'agiter vigoureusement pendant 1 minute un flacon à demi rempli de l'effluent. Si toutes les bulles disparaissent en 3 secondes, l'épuration est bonne.

Putrescibilité. — Si on abandonne une eau d'égout ou un effluent insuffisamment épuré dans un flacon bouché, les ferments qui peuplent ces eaux s'emparent d'abord de l'oxygène dissous puis, lorsque celui-ci a été utilisé, ils décomposent certains sels oxygénés, d'abord les nitrates, puis les sulfates. Avec ces derniers ils forment, par réduction, des sulfures dont l'odeur nauséabonde jointe à d'autres odeurs aussi désagréables font dire que l'eau est putride, et qu'elle était *putrescible*.

Cette disparition d'oxygène a été signalée par *Dupré* en 1884, qui en proposait le dosage avant et après incubation, c'est-à-dire après séjour de l'eau pendant un certain temps en flacons bouchés.

L'*épreuve d'incubation* (*incubator test*) telle qu'elle est employée actuellement est due à *Scudder*, qui d'abord se contentait de conserver l'eau en flacons pleins et bouchés pendant quelques jours à la température d'une chaude journée d'été. On se rendait compte alors si l'eau dégageait ou non une odeur désagréable. Plus tard *Scudder* y ajouta la détermination de l'oxygène absorbé en 3 minutes avant et après incubation de 5 ou 6 jours à 24° C. *G Fowler* prolonge la durée à 7 jours à 26°7. Nous avons adopté dans notre laboratoire une incubation de 7 jours à 30°. Un effluent convenablement épuré reste invariable vis-à-vis de la quantité d'oxygène qu'il peut em-

---

[1] *Sanitary Record*, 6 juin 1907, p. 479.

prunter au permanganate. Au contraire, un effluent putrescible contenant des composés réduits avides d'oxygène, tels
que l'hydrogène sulfuré, absorbe plus d'oxygène et les résultats de la détermination en 3 minutes sont plus forts après
qu'avant l'incubation.

Une modification a été apportée par *Adeney* et *G. Fowler*, qui
proposent de ne faire cette épreuve que sur le mélange de
l'effluent et de l'eau de la rivière, dans laquelle il doit être
rejeté, en proportion correspondante d es volumes respectifs.
Clark mélange l'effluent avec un égal volume d'eau de boisson,
ceci est peu recommandable.

L'épreuve d'incubation donne de bons résultats, malheureusement elle exige une attente assez longue (7 jours). Il y a lieu
de signaler que certains effluents non putrescibles, mais riches
en nitrates et contenant encore des matières organiques,
peuvent absorber plus d'oxygène après qu'avant incubation
par suite de la décomposition des nitrates en nitrites. On doit
donc toujours s'assurer si l'eau ne contient pas après incubation des quantités importantes de nitrites.

Le *bleu de méthylène* proposé par *Spitta* et plus récemment par
Phelps et *Winslow* se décolore sous l'influence des ferments
réducteurs, il peut donc être utilisé comme témoin de la
putrescibilité d'un effluent; cependant nos essais nous ont
montré qu'il était beaucoup moins sensible que l'épreuve d'incubation par l'oxygène absorbé en 3 minutes.

Récemment *Korn* et *Kammann* ont proposé ce qu'ils ont
appelé l'*Hamburger Test auf Fäulnisfähigkeit*. Cette épreuve
est basée sur cette observation que tout effluent qui contient
du soufre en combinaison organique est putrescible. Pour
rechercher le soufre organique ils éliminent d'abord les sulfates, par précipitation avec le chlorure de baryum. Le liquide
filtré est évaporé et le résidu est traité par le potassium, il
se forme du sulfure de potassium qu'on caractérise par la
para-amido-diméthylaniline et le perchlorure de fer. Il se
produit une coloration bleue si l'eau contient du soufre organique.

Dans un travail très étudié ([1]), *Johnson Copeland* et *Kimberley*

___
([1]) Voir Bibliographie.

ont établi que, par l'examen seul des résultats de l'analyse, on peut dire si un effluent est ou n'est pas putrescible. Pour qu'un effluent ne soit pas putrescible, il faut qu'il contienne une quantité suffisante d'oxygène pour oxyder les matières organiques qui ont échappé à l'épuration. La détermination de l'oxydabilité à chaud permet de connaître la quantité d'oxygène nécessaire pour l'oxydation des matières organiques instables. D'un autre côté, l'oxygène utilisable dans un effluent comprend d'abord l'oxygène dissous, puis celui des nitrates et des nitrites. Les nitrates contiennent 74 pour 100 de leur poids en oxygène, les nitrites 65 pour 100. Pour le calcul de comparaison, on obtient l'oxygène nécessaire pour l'oxydation microbienne en divisant par 5 la quantité trouvée par la détermination de l'oxydabilité.

D'après ces auteurs, on peut interpréter les résultats de la façon suivante :

1° Lorsque la valeur de l'oxygène consommé est égale ou supérieure à celle de l'oxygène dissous, et s'il n'y a ni nitrates ni nitrites, l'effluent est putrescible ;

2° Lorsque la valeur de l'oxygène consommé est égale ou légèrement inférieure à celle de l'oxygène dissous et de l'oxygène des nitrates et des nitrites, l'effluent est douteux, c'est-à-dire que dans certains cas il sera putrescible, dans d'autres cas imputrescible ;

3° Lorsque la valeur de l'oxygène consommé est inférieure à celle de l'oxygène dissous et de l'oxygène des nitrates et des nitrites, l'effluent est généralement imputrescible.

Cette méthode d'appréciation très rapide nous a donné des résultats concordant avec les autres déterminations.

Enfin *Rideal* [1] a proposé la formule suivante, dans laquelle il fait intervenir les volumes et les compositions respectifs de l'effluent et de l'eau de la rivière dans laquelle il est déversé :

$$C = \frac{X O}{(M - N) S}$$

C est le rapport entre la quantité d'oxygène dans l'eau de la rivière qui reçoit l'effluent épuré, et la quantité d'oxygène exi-

[1] *Interim Report of the Royal Commission on Sewage disposal*, 1902, II, Q. 4161.

gée pour l'oxydation de la matière organique de cet effluent;

X est le débit de la rivière en hectolitres par minute;

O est le poids en grammes d'oxygène dans un hectolitre d'eau de la rivière;

S est le nombre d'hectolitres d'effluent évacués par minute;

M est le poids en grammes d'oxygène consommé par la matière organique de 1 hectolitre d'effluent déterminé par le permanganate et déduction faite des nitrites;

N est le poids en grammes de l'oxygène utilisable dans l'effluent, l'oxygène libre, les nitrates et les nitrites ($2O^2$ pour Az^2O^5, O^2 pour Az^2O^3).

Par cette formule on peut déterminer 5 cas possibles. Si C a une valeur négative, non seulement l'effluent n'est pas putrescible, mais encore, par suite de sa réserve d'oxygène utilisable, il pourra purifier l'eau de la rivière si celle-ci est polluée. Si C est plus grand que l'unité, l'effluent diminue le pouvoir oxydant de l'eau de la rivière, mais dans ce cas le mélange ne sera pas putrescible. Si C a une valeur positive, mais moindre que l'unité, la rivière sera polluée par le rejet de l'effluent et ses eaux pourront se putréfier.

MESURES ANGLAISES

LONGUEUR

In. . .	Inch ou pouce		$0^m,02540$
Ft. . .	Foot ou pied	12 in	$0^m,30479$
Yd . .	Yard	3 ft	$0^m,91458$
Mi. . .	Mile (statute mile) .	1760 yds	$1609^m,3149$

SUPERFICIE

Yd. q..	Yard carré		$0^{m2},8361$
Ac . . .	Acre	4840 y.q.	$0^{ha},4047$

CAPACITÉ

Gal . . .	Gallon	$4^{lit},5435$

SOLIDITÉ

C. Yd.	Cubic yard	$0^{m3},764515$

POIDS

Gr. . .	Grain	$0^{gr},0648$
Oz . . .	Ounce ou once	$28^{gr},350$
Lb . . .	Pound ou livre	$453^{gr},595$
Ton . .	Ton ou tonne	$1\,016\,047^{gr},541$

Un gallon d'eau pèse 10 livres.
Un gallon de boue à 90 0/0 d'eau pèse 11 livres environ.
Un grain par gallon $= 0^{gr},01426$ par litre.
Un million de gallons par acre $= 1^{m3},122$ par mètre carré.

BIBLIOGRAPHIE

___

Sidney Barwise. — *Practical Hints of the analysis of water and sewage*. Londres, Rebmann, 1899.

Sidney Barwise. — *The Purification of sewage*. Londres, Crosby Lockwood and son, 1904.

A. Calmette. — En collaboration avec E. Rolants, F. Constant, E. Boullanger et L. Massol. *Recherches sur l'épuration biologique et chimique des eaux d'égout*. Paris, Masson, 3 vol., 1905-1907-1908.

A. Carnot. — *Traité d'analyse des substances minérales*. Paris, Vve Dunod, 1898 et 1904, 2 vol.

H. W. Clarck. — The resistance to decomposition of certain organic matters in sewage. *Journal of Infectious Diseases*, suppl. 2, p. 136. Chicago, 1906.

A. Desgrez. — Dosage du carbone total de l'urine. *Bull. des sciences pharmacologiques*. Paris, t. III, p. 545, 1901.

W. J. Dibdin. — *The purification of sewage and water*. London. The sanitary publishing C°, 2° édit., 1898.

Donzé et Lambling. — Dosage du carbone total de l'urine. *Société de biologie*. Paris, t. XV, p. 968.

E. Duclaux. — *Traité de microbiologie*, t. I. Paris, Masson, 1898.

Dunbar. — Standards of purity for sewage effluents. *Sanitary Record*, 26 janv. 1907, p. 66.

K. Farnsteiner, P. Buttenberg et O. Korn. — *Leitfaden für die chimische Untersuchung von Abwasser*. Munich et Berlin. Oldenburg, 1902.

Gilbert J. Fowler. — *Sewage works analysis*. London, King and son, 1902.

Gilbert J. Fowler. — *The application of chimical analysis to the study of the biological processus of sewage purification*. University of Manchester, Marsh, 24 th., 1904.

..

Gilbert J. Fowler und. Edw. Ardern. — Suspended matter in sewage and effluents. *Journal of the Society of chimical Industry.* London, 15 mai 1905.

St. Gage and G. Adams. — The collection and preservation of samples of sewage for analysis. *Journal of Inf. Diseases*, supp. 2, p. 159. Chicago, 1906.

G. Gowan, R. Floris und R. Finlow. — *Report to the Commission on methods of chimical analysis as applied to sewage and sewage effluents.* Royal Commission of Sewage. London, 1904.

Grandeau. — *Traité d'analyse des matières agricoles.* Paris, Berger, Levrault et lib., agricole, 1897.

H. B. Hommon. — The application to a soft-water sewage of direct processes for the determination of Kjeldahl nitrogen and nitrogen as free ammonia. *Journal of Inf. Diseases*, suppl. 5, p. 14. Chicago, 1907.

G. A. Johnson. — *Report on sewage purification at Columbus.* Ohio, 10 nov. 1905.

G. A. Johnson and A. E. Kimberly. — A comparativ review of current methods for the determination of organic matter in sewage. *Journal of. Inf. Diseases*, suppl. 2, p. 97. Chicago, 1906.

G. A. Johnson, Cepeland and A. E. Kimberly. — The relative applicability of current methods for the determination of putrescibility in sewage effluents. *Journal of Inf. Diseases*, suppl. 2, p. 80. Chicago, 1906.

A. E. Kimberly and M. G. Roberts. — A method for the direct determination of organic nitrogen by the Kjeldahl process. *Journal of Inf. Diseases*, suppl. 2, p. 109. Chicago, 1906.

Korn et Kammann. — Der Hamburger Test auf Fäulnisfähigkeit. *Gesundheits Ingenieur*, 1907.

J. Lacomble. — Le sort des matières grasses dans les différentes phases de l'épuration biologique des eaux vannes en milieux artificiels. *Revue d'hygiène.* Paris, 1906, p. 817.

G. Lambert. — Recherche et dosage du plomb dans les eaux potables. *Revue d'hygiène.* Paris, 1906.

R. Marcille. — Dosage des nitrates dans les eaux chlorurées. *Annales agronomiques.* Paris, 1901, p. 596.

E. B. Phelps. — Determination of ammonia of sewage. *Journal of Inf. Diseases.* Chicago, 1904, p. 527.

E. B. Phelps. — The interpretation of an analysis of the effluent from a sewage filter. *Technology Quarterly*, t. 18, p. 123. Boston, 1905.

E. B. Phelps. — The interpretation of a sewage analysis. *Technology Quarterly*, t. 18, p. 40, Boston, 1905.

E. B. Phelps and C. Winslow. — On the use of methylene blue in testing sewage effluents. *Journal of Inf. Diseases*, suppl. 3, p. 5. Chicago, 1907.

A. W. Palmer. — *Report of streams examination chimic and bacteriologic*. Chicago. The Blakely Printing C°, 1902.

G. Reid. — Sewage disposal and the qualities essential on a sewage effluent. *Journal of the Sanitary Institute*. London, 1903, p. 90.

Report of committee on standard methods of water analysis to the laboratory section of the American Public Health Association. *Journal of Inf. Diseases*, suppl. 1. Chicago, 1905.

S. Rideal. — *Sewage and bacterial purification of sewage*, 2ᵉ édit. London. The Sanitary Publish. C°, 1901.

E. Rolants et A. Gallemand. — La nitrification dans les lits bactériens aérobies. — *Revue d'hygiène*. Paris, 1901.

G. Thudicum. — *Simple methods of testing sewage effluents for works managers, surveyors, etc.* London. The Sanitary Publish. C°, 1904.

J. C. Thresh. — *Une méthode simple pour l'analyse de l'eau*. Traduction Magnier et Thiry. Londres. J. et A. Churchill, 1907.

C. Weigelt. — *L'assainissement et le repeuplement des rivières*. Traduction C. Julin. Bruxelles, 1905.

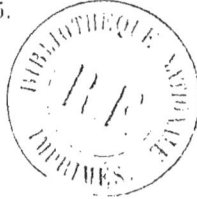

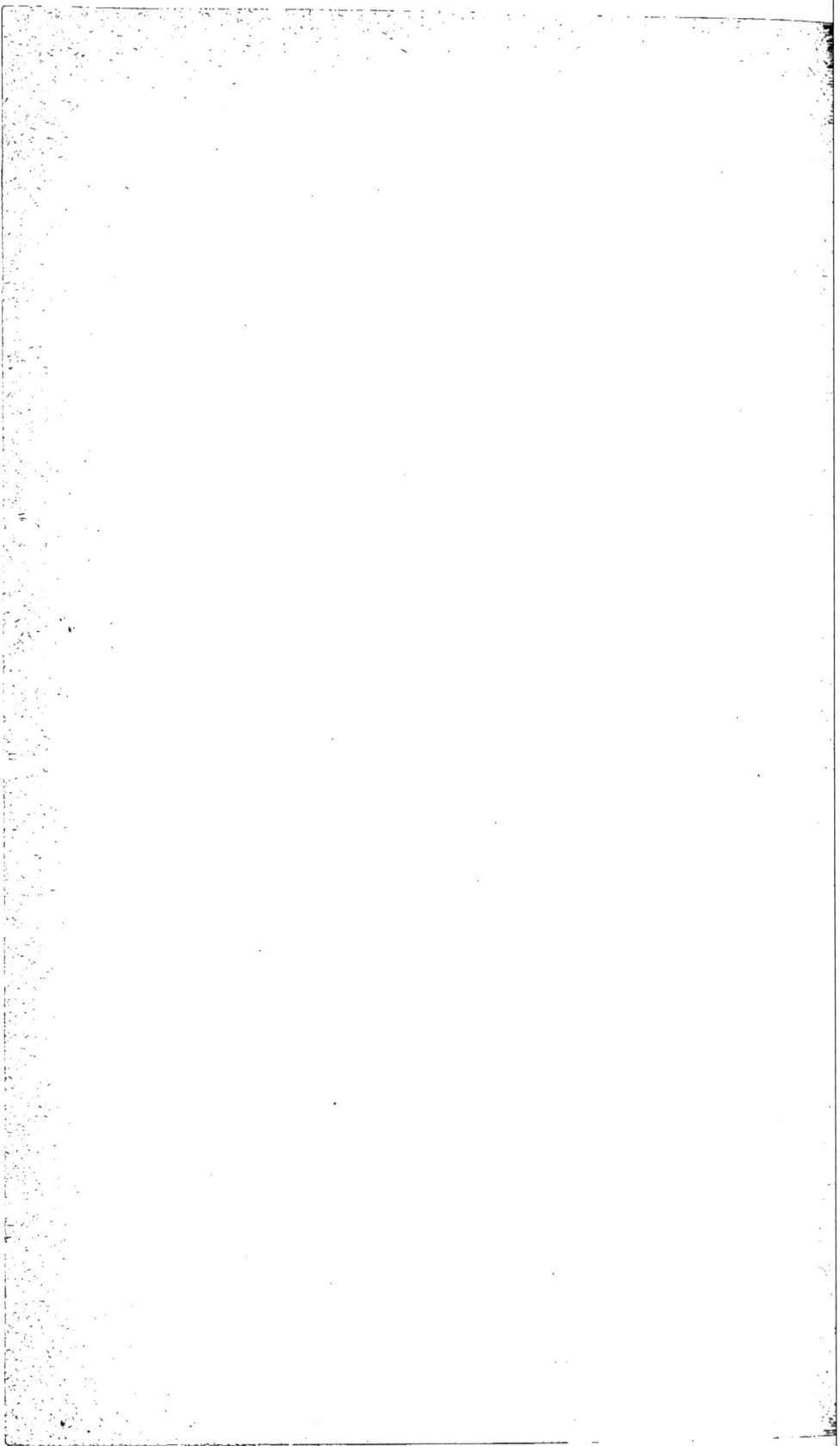

TABLE DES MATIÈRES

TABLE DES FIGURES

www.ingramcontent.com/pod-product-compliance
Lightning Source LLC
Chambersburg PA
CBHW062012200326
41519CB00017B/4773